室内五人制足球教程

李 欣 曾 吉 编著

科 学 出 版 社
北 京

内 容 简 介

自 1989 年国际足联举办首届室内五人制足球世界杯以来，该项运动得到了空前的普及与发展。近年来，国际足联号召世界各国和地区足球协会大力发展室内五人制足球运动，这也引起了各国足球协会对开展室内五人制足球的重视。

本教程内容主要包括室内五人制足球概述、室内五人制足球基本技术动作、室内五人制足球进攻战术、室内五人制足球防守战术、室内五人制足球守门员技术、室内五人制足球运动员体能和心理及康复训练、室内五人制足球竞赛规则。本教程对提高青少年学生、运动员及广大室内五人制足球爱好者的技战术水平，提升教练员的执教水平，提高裁判员的执裁水平具有重要的指导与参考作用。

本教程主要适用于青少年学生、运动员、教练员、裁判员及广大室内五人制足球爱好者。

图书在版编目（CIP）数据

室内五人制足球教程 / 李欣，曾吉编著. —北京：科学出版社，2018.8
ISBN 978-7-03-058369-7

Ⅰ. ①室… Ⅱ. ①李… ②曾… Ⅲ. ①足球运动-教材 Ⅳ. ①G843

中国版本图书馆 CIP 数据核字（2018）第 167563 号

责任编辑：王英峰 / 责任校对：何艳萍
责任印制：吴兆东 / 封面设计：润一文化
联系电话：010-64033934
E-mail：edu_psy@mail.sciencep.com

科学出版社 出版
北京东黄城根北街 16 号
邮政编码：100717
http://www.sciencep.com
北京中科印刷有限公司 印刷
科学出版社发行 各地新华书店经销
*
2018 年 8 月第 一 版 开本：720×1000 B5
2024 年 1 月第六次印刷 印张：14 1/4
字数：218 000

定价：58.00 元

（如有印装质量问题，我社负责调换）

序

2015年3月16日，国务院出台了《中国足球改革发展总体方案》，2017年6月14日，国家主席习近平会见了国际足联主席因凡蒂诺。作为足球运动重要组成部分的室内五人制足球在中国迎来了新的发展机遇。

从2003年开始，中国足球协会大力推动室内五人制足球的普及和发展。无论是国家队的建设、联赛的组织，还是教练员和讲师的培养，中国足球协会都给予了特别关注。室内五人制足球教练员在承担技战术启蒙教学责任的同时，也在足球界传播着公平竞赛的理念与精神。

湖北大学作为我国最早开展室内五人制足球运动的高校，为我国室内五人制足球培养了一大批优秀的国字号教练员和队员。我希望湖北大学能把多年总结出来的教学、训练经验编写成书，让更多的室内五人制足球从业者和爱好者掌握科学的训练方法。

当我第一次看到书的终稿时，内心充满了喜悦和兴奋。书中运用了大量的图例配合简明的文字，从易到难，从简到繁，遵循循序渐进的教学原则，系统阐述了室内五人制足球的基础知识、基本技术、技巧和战术。相信广大的室内五人制足球爱好者都会从那些丰富、生动、简捷、多变的教学方法中产生对室内五人制足球的极大兴趣。

室内五人制足球运动是十一人制足球的重要基石，是培养未来足球明星的摇篮。中国不乏有天分的足球幼苗，关键是要有成长的土壤和适宜的条件。正确地了解室内五人制足球和十一人制足球的关系，在青少年时期打好技战术基础，对足球运动水平的提高至关重要。

在本书出版之际，我对湖北大学多年来为我国室内五人制足球的发展做出的贡献表示由衷的敬意！向编写此书的团队表示诚挚的感谢！向即将从此书中获益的学生和广大足球爱好者表示热烈的祝贺！向所有在基层为室内五人制足球的发展默默奉献的同仁表示亲切的慰问！

本书得到了2017年湖北省高等学校省级教学研究项目（2017237）、湖北休闲体育发展研究中心2018年度开放基金课题（2018Z002）的资助，形成了阶段性成果，在此一并表示感谢！

中国足球协会专职执委

2018年5月26日

前　言

自 1989 年国际足联举办首届室内五人制足球世界杯以来，该项运动得到了空前的普及与发展。这不仅体现在室内五人制足球世界杯预选赛不断增加的参赛协会数量上，而且还体现在会员协会的设立从本地到大区再到全国范围的竞赛方面。近年来，国际足联号召世界各国和地区足球协会大力发展室内五人制足球运动，这也引起各国足球协会对开展室内五人制足球的重视。2003 年 9 月，在全国足球代表大会上，中国足球协会正式成立了全国室内五人制足球专项委员会，并于 2003 年 12 月 20 日正式举办了全国室内五人制足球甲级联赛。同年中国大学生体育协会举办了首届全国室内五人制足球大学生联赛。经过 15 年健康有序的发展，2018 年中国足球协会成立了五人制沙足部，这也展示了中国足球协会着力发展室内五人制足球的决心。

鉴于室内五人制足球发展的现状，湖北大学室内五人制足球教学、训练团队编写了《室内五人制足球教程》。本书共分 7 章，内容主要包括室内五人制足球概述、基本技术动作、进攻战术、防守战术、守门员技术、运动员体能和心理及康复训练、竞赛规则。

本书主要适用于青少年学生、运动员、教练员、裁判员及广大室内五人制足球爱好者，对提高青少年学生、运动员及广大室内五人制足球爱好者的技战术水平，提升教练员的执教水平，提高裁判员的执法水平具有重要的指导和参考作用。

本书得到了湖北省高等学校教学研究项目、湖北休闲体育发展研究中心的资助，在此表示感谢。

编　者

2018 年 2 月 26 日

图　　例

②	进攻队员，2 号进攻队员
X	防守队员
Gk（圆圈内）	守门员
◎	标志盘
——→	传球线路
- - -→	跑动线路
〰→	带球线路

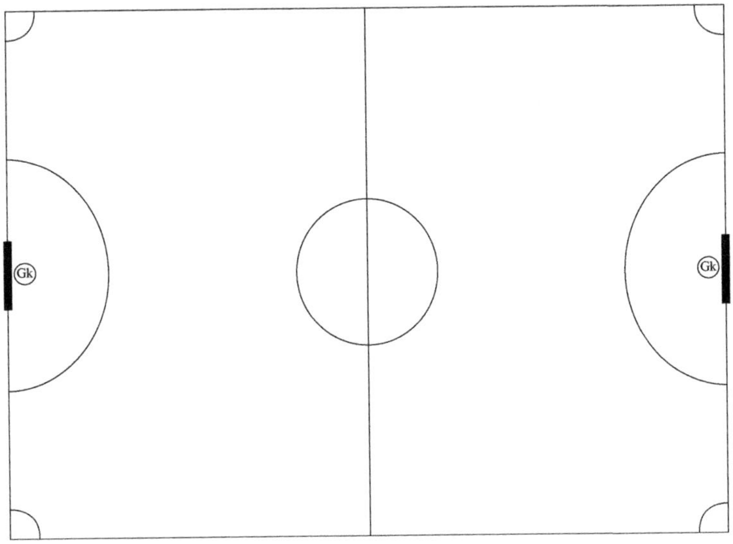

目　　录

第一章

室内五人制足球概述

第一节　室内五人制足球的起源与发展

一、室内五人制足球的起源

1930 年，蒙得维的亚（乌拉圭首都）的体育教师胡安·卡洛斯·塞里亚尼（Juan Carlos Ceriani）发明了一项不受户外天气影响的、可在室内比赛的足球项目——室内五人制足球。

室内五人制足球（Futsal）已有多年的历史，“Futsal”一词是西班牙语 futbol（足球）和 sala（大厅或房间）的结合。该项目在国际足联绝大多数会员协会中都得到了广泛的开展。

二、室内五人制足球的发展

1949 年，室内五人制足球传入巴西后，巴西人阿斯德巴瓦尔·多·纳西缅托（Asdrúbal do Nascimiento）起草了第一份室内五人制足球比赛规则。

1965 年，南美洲室内五人制足球联合会成立。

1971 年，国际室内五人制足球联合会成立，第一任主席是阿维兰热博士，其后来成为国际足联主席。

1982 年，国际室内五人制足球联合会举办首届世界锦标赛。

1985 年，国际足联决定接纳室内五人制足球项目进入世界足球大家庭，与十一人制足球一样成为国际足联正式比赛项目。

1996 年，国际足联公布首批室内五人制足球裁判员名单。

2005 年，国际足联在西班牙举办了第一期室内五人制足球讲师研讨班。至此，室内五人制足球教练员培训的实践与理论结合达到了新高度。

2015 年，国际奥委会公布 2018 年青年奥运会室内五人制足球将取代十一人制足球，成为正式比赛项目。

（一）室内五人制足球世界杯的发展

1989 年，荷兰举办了第 1 届国际足联室内五人制足球世界杯。本届世界杯赛队伍均受邀而来，不需要参加预选赛，最后巴西队斩获冠军。1992 年，举办了第 2 届国际足联室内五人制足球世界杯，从此室内五人制足球世界杯赛四年一届，历届前 4 名如表 1-1 所示。室内五人制足球成为世界上发展最快的体育项目之一，世界范围内已有 100 多个国家和地区开展了该项运动。

表 1-1 历届世界室内五人制足球世界杯前 4 名

届次	举办时间	举办地点	第 1 名	第 2 名	第 3 名	第 4 名
1	1989 年	荷兰	巴西	荷兰	美国	比利时
2	1992 年	中国香港	巴西	美国	西班牙	伊朗
3	1996 年	西班牙	巴西	西班牙	俄罗斯	乌克兰
4	2000 年	危地马拉	西班牙	巴西	葡萄牙	俄罗斯
5	2004 年	中国台北	西班牙	意大利	巴西	阿根廷
6	2008 年	巴西	巴西	西班牙	意大利	俄罗斯
7	2012 年	泰国	巴西	西班牙	意大利	哥伦比亚
8	2016 年	哥伦比亚	阿根廷	俄罗斯	伊朗	葡萄牙

中国队共参加过 3 次室内五人制足球世界杯决赛阶段的比赛，前两次都是应邀参赛，当时的十一人制足球俱乐部大连万达、武汉雅琪分别组队参赛。第 3 次参赛是由于我国在 2008 年亚洲杯上获得第 4 名，并以此获得参加室内五人制足球世界杯的资格。中国队 3 次室内五人制足球世界杯经历如下。

（1）1992 年香港第 2 届室内五人制足球世界杯赛，小组赛（D 组）。

第一场，中国 5∶6 西班牙。

第二场，中国 1∶10 俄罗斯。

第三场，中国 1∶7 美国。

最终小组垫底，列所有16支参赛队伍的第15名。

（2）1996年西班牙第3届室内五人制足球世界杯赛，小组赛（B组）。

第一场，中国1∶2阿根廷。

第二场，中国1∶5荷兰。

第三场，中国1∶11俄罗斯。

最终小组垫底，列所有16支参赛队伍的第13名。

（3）2008年巴西第6届室内五人制足球世界杯赛，小组赛（C组）。

第一场，中国0∶5阿根廷。

第二场，中国2∶6埃及。

第三场，中国1∶10危地马拉。

第四场，中国2∶4乌克兰。

最终小组垫底，列所有20支参赛队伍的第19名。

（二）室内五人制足球亚洲杯的发展

室内五人制足球在亚洲开展得较晚，1999年马来西亚举办了第1届亚洲杯比赛，之后每年举办一届。直到2008年泰国亚洲杯后，亚足联将室内五人制足球亚洲杯改为每两年一届，到2017年，室内五人制足球亚洲杯共举办了14届，历届前4名如表1-2所示。

表1-2　历届亚洲室内五人制足球亚洲杯前4名

届次	举办时间	举办地点	第1名	第2名	第3名	第4名
1	1999年	马来西亚	伊朗	韩国	哈萨克斯坦	日本
2	2000年	泰国	伊朗	哈萨克斯坦	泰国	日本
3	2001年	伊朗	伊朗	乌兹别克斯坦	韩国	日本
4	2002年	印尼	伊朗	日本	泰国	韩国
5	2003年	伊朗	伊朗	日本	泰国	科威特
6	2004年	菲律宾	伊朗	日本	泰国	乌兹别克斯坦
7	2005年	越南	伊朗	日本	乌兹别克斯坦	吉尔吉斯斯坦
8	2006年	乌兹别克斯坦	日本	乌兹别克斯坦	伊朗	吉尔吉斯斯坦
9	2007年	日本	伊朗	日本	乌兹别克斯坦	吉尔吉斯斯坦
10	2008年	泰国	伊朗	泰国	日本	中国
11	2010年	乌兹别克斯坦	伊朗	乌兹别克斯坦	日本	中国

续表

届次	举办时间	举办地点	第 1 名	第 2 名	第 3 名	第 4 名
12	2012 年	阿拉伯联合酋长国	日本	泰国	伊朗	澳大利亚
13	2014 年	越南	日本	伊朗	乌兹别克斯坦	科威特
14	2016 年	乌兹别克斯坦	伊朗	乌兹别克斯坦	泰国	越南

亚洲室内五人制足球锦标赛（亚洲杯）是亚足联主办的亚洲地区室内五人制足球最高水平的赛事。中国在 2003 年开始室内五人制足球职业联赛后，才有了真正意义上的室内五人制足球国家队，经过 5 年职业联赛的磨炼，中国室内五人制足球黄金一代在 2008 年、2010 年亚洲杯四分之一决赛中，分别战胜乌兹别克斯坦队、泰国队闯入亚洲杯 4 强。在 14 届亚洲杯中，伊朗夺得 11 届冠军，堪称亚洲室内五人制足球霸主。日本在室内五人制足球领域也颇有成就，分别在 2006 年、2012 年、2014 年亚洲杯上 3 次问鼎。

（三）中国室内五人制足球的发展

2003 年开始，中国足球协会、中国大学生体育协会分别举办年度室内五人制足球甲级联赛、足协杯赛、大学生联赛，历届情况如表 1-3、表 1-4、表 1-5 所示。

表 1-3　历届中国室内五人制足球甲级联赛前 3 名

届次	举办时间	第 1 名	第 2 名	第 3 名
1	2003—2004 年 中国室内五人制足球甲级联赛	广州果王	武汉地龙	成都莱美药业
2	2005 年 中国室内五人制足球甲级联赛	武汉地龙—湖北大学	成都虎少	广州果王
3	2006 年 中国室内五人制足球甲级联赛	武汉地龙—湖北大学	上海徐房	广州日之泉
4	2007 年 中国室内五人制足球甲级联赛	武汉地龙—湖北大学	上海徐房	北京华亚飞鹰
5	2008—2009 年 中国室内五人制足球甲级联赛	武汉地龙—湖北大学	上海徐房	广州体育学院
6	2009—2010 年 中国室内五人制足球甲级联赛	武汉地龙—湖北大学	广州体育学院—爱奇	浙江黄龙—三峡大学

续表

届次	举办时间	第1名	第2名	第3名
7	2010—2011年 中国室内五人制足球甲级联赛	武汉地龙—湖北大学	广州体育学院—白云山和黄	浙江黄龙—三峡大学
8	2011—2012年 中国室内五人制足球甲级联赛	深圳南岭铁狼	浙江黄龙—三峡大学	广州体育学院—白云山和黄
9	2012—2013年 中国室内五人制足球甲级联赛	深圳南岭铁狼	浙江黄龙—三峡大学	青岛英苗体育
10	2013—2014年 中国室内五人制足球甲级联赛	深圳南岭铁狼	大连安波	珠海名实—湖北大学
11	2014—2015年 中国室内五人制足球甲级联赛	大连安波	深圳南岭铁狼	武汉地龙—三峡大学
12	2015—2016年 中国室内五人制足球甲级联赛	深圳南岭铁狼	大连安波	武汉地龙—三峡大学
13	2016—2017年 中国室内五人制足球超级联赛	大连安波—湖北大学	武汉地龙—三峡大学	深圳南岭铁狼

表1-4　历届中国室内五人制足球协会杯比赛前4名

届次	举办时间	举办地点	赛制	第1名	第2名	第3名	第4名
1	2004年8月24—29日	华南理工大学学生活动中心	赛会制（12支队伍）	广州果王	武汉地龙	成都莱美药业	上海九城置业
2	2006年11月25—30日	广州市荔湾体育馆	赛会制（12支队伍）	湖北大学	广州日之泉	广州果王	成都电子科技大学
3	2007年11月16—21日	湖北大学体育馆	赛会制（12支队伍）	湖北大学	上海徐房	成都电子科技大学	苏州君友
4	2008年7月8—12日	郑州七中体育馆	赛会制（12支队伍）	湖北大学	上海徐房	广州体育学院爱奇	成都电子科技大学
5	2011年7月10—15日	宁夏石嘴山市体育馆	赛会制（12支队伍）	湖北大学	浙江黄龙	青岛海西	广州白云山和黄中药
6	2012年7月20—26日	宁夏石嘴山市体育馆	赛会制（12支队伍）	深圳南岭铁狼	武汉地龙湖北大学	青岛英苗体育	浙江黄龙三峡大学
7	2013年7月20—29日	宁夏石嘴山市体育馆	赛会制（12支队伍）	深圳南岭铁狼	武汉地龙	上海徐房	浙江黄龙三峡大学
8	2014年9月5—11日	宁夏石嘴山市体育馆	赛会制（12支队伍）	武汉地龙	上海徐房	深圳壆岗湖北大学	深圳南岭铁狼
9	2015年8月21—27日	宁夏石嘴山市体育馆	赛会制（11支队伍）	大连安波	深圳南岭铁狼	武汉地龙	湖北大学
10	2016年8月31—9月7日	宁夏石嘴山市体育馆	赛会制（12支队伍）	深圳南岭铁狼	武汉地龙三峡大学	珠海名实	大连安波
11	2017年9月26—10月5日	湖北宜昌市体育馆	赛会制（20支队伍）	深圳南岭铁狼	珠海名实	大连安波湖北大学	武汉地龙三峡大学

表 1-5 历届中国大学生室内五人制足球联赛总决赛前 4 名

届次	举办时间	举办地点	赛制	第 1 名	第 2 名	第 3 名	第 4 名
1（李宁杯）	2004 年 6 月 29—7 月 1 日	中国人民大学	赛会制（16 支）	沈阳工业大学	四川大学	山东大学	湖北大学
2（李宁杯）	2005 年 5 月 24—29 日	东华大学	赛会制（16 支）	东华大学	华南理工大学	西南民族大学	北京理工大学
3（李宁杯）	2006 年 5 月 16—6 月 10 日	湖北大学、成都电子科技大学、山东大学、华南理工大学	主客场双回合淘汰赛（4 支）	湖北大学	山东大学	华南理工大学、成都电子科技大学	
4（李宁杯）	2007 年 5 月 20—6 月 9 日	湖北大学、成都电子科技大学、山东大学、云南师范大学	主客场双回合淘汰赛（4 支）	湖北大学	成都电子科技大学	山东大学、云南师范大学	
5	2008 年 5 月 10—6 月 29 日	湖北大学、成都电子科技大学、山东大学、广州体育学院	主客场双回合淘汰赛（4 支）	湖北大学	山东大学	成都电子科技大学、广州体育学院	
6	2009 年 5 月 11—17 日	湖北大学	赛会制（13 支）	湖北大学	成都电子科技大学	山东大学	三峡大学
7	2010 年 6 月 14—20 日	成都电子科技大学	赛会制（13 支）	湖北大学	北京工业大学	成都电子科技大学	天津体育学院
8（特步杯）	2012 年 6 月 8—30 日	湖北大学、山东大学、广州体育学院、北京体育大学	主客场双回合淘汰赛（4 支）	湖北大学	广州体育学院	北京体育大学、山东大学	
9（特步杯）	2013 年 6 月 3—21 日	湖北大学、南京航空航天大学、广州体育学院、北京体育大学	主客场双回合淘汰赛（4 支）	湖北大学	北京体育大学	广州体育学院、南京航空航天大学	
10（特步杯）	2014 年 6 月 10—27 日	北京体育大学、南京航空航天大学、山东大学、湖北大学	主客场双回合淘汰赛（4 支）	北京体育大学	湖北大学	山东大学、南京航空航天大学	
11（特步杯）	2015 年 6 月 15—24 日	北京体育大学、南京大学、广州体育学院、上海工程技术大学	主客场双回合淘汰赛（4 支）	北京体育大学	上海工程技术大学	南京大学、广州体育学院	
12（特步杯）	2016 年 6 月 6—10 日	北方民族大学	赛会制（8 支）	东华大学	青岛科技大学	湖北大学	上海工程技术大学
13（特步杯）	2017 年 7 月 1—5 日	内蒙古财经大学	赛会制（8 支）	湖北大学	北京体育大学	上海工程技术大学	山东大学

由表 1-3、表 1-4 可知，13 年的中国室内五人制足球职业联赛历程，从开始阶段武汉地龙—湖北大学队的一枝独秀，到中期引入外援后深圳南岭铁狼队的异军突起，到近些年大连安波—湖北大学队的厚积薄发，整个室内五人制足球在中国的发展呈现逐步上升的趋势，各队之间的竞争也愈发激烈。

由表 1-5 可知，中国足球协会举办的室内五人制足球职业联赛与中国大学生体育协会主办的室内五人制足球大学生联赛有很多交集。职业联赛中很多俱乐部选择与高校合作，中国室内五人制足球国家队 70%的队员来自高校，这也促使中国大学生室内五人制足球联赛有着较高的竞技水平，中国大学生室内五人制足球国家队曾经闯入世界锦标赛 8 强、亚洲锦标赛 4 强。

2005 年，国家体育总局正式批准室内五人制足球为正式体育比赛项目。2007 年，国家体育总局又将室内五人制足球列入全国运动会正式比赛项目。

2017 年，我国室内五人制足球甲级联赛更名为超级联赛，甲级联赛作为二级联赛，采用升降级模式。超级联赛共 10 支球队，常规赛采取主客场双循环赛制。前 4 名进入季后赛，常规赛排名靠前的队伍在季后赛对决中多 1 个主场。常规赛排名第 1 对阵常规赛排名第 4，常规赛排名第 2 对阵常规赛排名第 3，半决赛采用三局两胜制，决赛采用五局三胜制。甲级联赛共 8 支球队参加，采用两个赛会制单循环积分排定名次，最后升降级采用附加赛的方式，超级联赛球队在附加赛中多 1 个主场。超级联赛排名第 9 对阵甲级联赛排名第 2，超级联赛排名第 10 对阵甲级联赛排名第 1，采用三局两胜制，从而决定下一年度室内五人制足球超级联赛的参赛资格。

中国大学生室内五人制足球联赛共有 380 多支高校球队参赛，分为省内预选赛、全国大区赛、全国总决赛 3 个部分。省内预选赛冠军进入全国南北大区赛，南北两个大区前两名共 4 支球队，加上赛季全国总决赛前 4 名，共 8 支球队参加全国总决赛。

中国中学生体育协会和中国足球协会在全国中小学联合开展的校园足球活动，也将室内五人制足球列入了重点普及的内容。

第二节　室内五人制足球的特点

一、参与人数少

室内五人制足球运动要求双方各 5 名队员（含 1 名守门员）进行比赛。在比赛中任何一队因队员被罚出场，使得其场上队员少于 3 名时，该场比赛为弃权。正式比赛可使用替补队员，各队替补队员不得超过 9 名。与传统十一人制足球相比，参与人数少。

二、场地空间小

由于室内五人制足球运动比赛场上人数较少，使用的场地和空间也小。2014—2015 年室内五人制足球竞赛规则规定，国际比赛场地长 38～42 米、宽 18～22 米，空高至少 4 米。与传统十一人制足球相比，具有场地空间小的特点。

三、触球机会多

由于室内五人制足球场地小、队员人数少，每名参赛队员有更多的机会接触球。队员相互之间的距离近，发现空间和利用空间的时间短，双方的争夺更加激烈，攻守转换的速度更快，技战术更灵活，所以脚尖捅球、脚底停球、快速短传和低传配合及个人脚底运控球技术运用较多。

四、射门多、进球多

室内五人制足球比赛中，每场比赛每队射门可达 20 次以上，进球一般比十一人制高出 1 倍以上，射门的方式主要有边路横传/远门柱的队员包抄、中锋背身护球转身射门及回传前插队友跟上射门、个人带球突破射门、捅射、挑射、补射等。室内五人制足球不但争夺激烈，还要求技术细腻、快速。因此，室内五人制足球既有良好的观赏性，又有利于培养队员的射门能力。

五、攻守转换节奏快

由于比赛的场地小、人数少，双方队员距离较近，防守时主要采用紧逼盯人、断球反击战术，进攻队员会运用突然起动、假动作等突破防守，攻守双方常处在短兵相接的拼抢状态，攻守转换的次数多、频率快、强度大。这种快节奏的攻守战术灵活多变，对运动员的无氧速度耐力提出了很高的要求，所以场上队员必须保持充沛的体能。

六、实战能力要求较高

比赛中队员要面临瞬间突发的各种问题，对队员掌控比赛的能力提出了很高的要求。室内五人制足球比赛由于场地小、队员密度大，防守时多采用人盯人战术，队员会利用比赛场地的宽度和深度拉开空当，通过横传后向前移动的方式，再传出向前的威胁球，通过向前传球之后的回传或横传，使对手防守位置错乱，获得射门的时机和空间，这些都要求运动员有较高的实战能力。

第三节 室内五人制足球技术的概念与分类

一、室内五人制足球技术的概念

技术是指运动员在比赛中所采用合理动作的总称，它是在比赛中逐步形成发展完善起来的。

室内五人制足球场地小，队员之间的距离缩短，加之队员的人数少，队员就有更多的机会接触球、控球、运球和踢球，双方争夺更加激烈，攻守转换的速度更快，技战术更加灵活，快速地传、接、射门、抢断及个人运、控球技术和短传配合运用得更多。因此，运动员只有熟练掌握室内五人制足球技术，才能在比赛中合理地采取行动和正确地处理球，以达到战术的要求。

技术是完成战术配合的基础，战术的发展又促进了技术的提高。因此，在高速度、强对抗的情况下，准确掌握室内五人制足球技术，对迅速提高我国足球运动水平有着极为重要的意义。

二、室内五人制足球技术的分类

室内五人制足球运动是一项技术动作相对复杂的运动项目，其技术分为有球技术和无球技术两大类。

（一）有球技术

足球比赛的胜负是根据参加比赛的双方攻入对方球门的多少来决定的。有球技术是在快速运动和激烈对抗的条件下，完成传、接、运、射最后能够完成进攻任务的技术的总称，它是室内五人制足球技术的主要部分。

（二）无球技术

无球技术是指运动员在比赛中不控球的情况下所采取的合理动作的总称。无球技术包括进攻时的移动选位，防守时的靠近持球人、跟防、协防保护等。由于室内五人制足球运动的无球技术在许多情况下与身体移动紧密联系在一起，因此在进行体能训练时，需要有针对性地对无球技术动作提出具体要求，如专门的脚步移动训练，从而不断提高无球技术。

无球移动技术是指室内五人制足球比赛中运动员根据场上的情况改变身体方向、速度、位置、时机等出现的变化。队员在移动中不断地重复进行摆脱、变速变向、急停加速、挡拆掩护等运动，这些运动能帮助自己和队友摆脱对手的防守，转移对手的注意力，牵制对手的盯防。此外，运动员高超的移动技术能够带来更大的传、接和控球的空间，保证队员在比赛场上能更好地发挥个人技术能力。

在一场室内五人制足球比赛中，每个队员的无球移动时间远远大于有球时间，当 1 个人控球时，其余 4 个人都在做无球移动接应或无球掩护。

可以说每一个有球技术的完成都需要无球移动来做结合和铺垫，可见无球移动技术动作在室内五人制足球中的重要性。

移动技术包括摆脱、变速变向、横向、斜向、W 型、折线、曲线等跑动和滑步，以及转身、掩护等技术动作。移动的动作结构主要是以三个大关节——髋关节、膝关节和踝关节为中心多个运动动作合理组成的。

第四节　室内五人制足球比赛的原则

一、进攻原则

进攻原则是当本方取得控球权时每个队员必须遵循的原则。进攻原则指出了本方由守转攻的整个过程中在不同时间和场区应该完成的战术任务和要求，以及需要采取的方法和手段。

（一）制造宽度、深度

发动进攻的第一步是通过跑动充分利用球场的宽度、深度，拉开空间，扩大对方的防守面，使进攻的空间增大，出现空当，有利于进攻的穿插配合。而拉开空间则需要运动员有效的跑位接应，多运用短传和运、控球以保持控球权，在没有较好的机会时，可以降低速度和改变进攻节奏。拉开宽度、深度的大小一般要根据攻守双方位置、队员特点和场区的不同而异。

（二）传切渗透

在充分拉开空间的基础上，控球者必须通过传球、带球逐步渗透寻找传球空当。中锋的频繁扯动必定会牵制防守队员移动、选位，一旦出现空当进攻队员则应迅速传切和渗透，加快进攻速度，使对手措手不及，难以防范，这样便可获得良好的战术效果。

（三）机动灵活

当进攻方攻至对方罚球区前沿时，防守方定会采用紧盯、换位、补位等措施进一步加强防守，这时进攻方必须运用各种有球和无球技术，发挥已有的优势，使防守方顾此失彼，防不胜防。因此，进攻方需要运用巧妙的带球动作并结合假动作来摆脱或牵制对方，其他同伴要灵活机动地运用事先布置好的战术配合，以完成插入和接应的任务。

（四）随机应变

随着进攻的深入，守方必然会全力以赴地逼抢，以阻止攻方的进攻和射门。在这种情况下进攻者必须要创造性地运用技战术的突然变化，使对手猝不及防。比赛中随机应变的原则要求队员有良好的身体素质、全面而熟练的技术、丰富的比赛经验、稳定的心理状态及聪明才智。

二、防守原则

防守原则是当球队失掉控球权时每个队员必须遵循的原则。防守原则指出了在对方进攻的整个过程中，守方在不同时间和场区应该完成的战术任务和要求，以及需要采取的方法和手段。

（一）延缓进攻

当球队对球失去控制转入防守的刹那，是夺回球权最重要的时机，如队员能毫不迟疑地立即展开紧逼和抢球就有可能把球权夺回来。如不能立即夺回球权，那么失球的队员或他附近的队员应立即紧逼对手，不让对手有向前传球或快速带球向前推进的机会，特别要阻止对手快速反击，这将有利于其他同伴迅速调整位置进行防守。守方防守控球队员的行动必须谨慎、有效，迫使其做横传、回传，以减缓进攻速度，从而争取时间，使防守同伴到位，形成有利于防守的局面。

（二）对口平衡

在延缓对手进攻速度的同时，守方队员赢得了退守到位调整位置的时间。因此，无论是盯人防守还是区域防守，都要“对口”明确所要控制的进攻队员，达到攻守人数平衡，这样才有可能稳固防守。

（三）收缩保护

在实现防守与进攻力量平衡的同时，守方需要组织好整体防守，使防守整体性得到加强。这时每个队员都要负起分工防守的责任，并注意互相保护和补位，使危险区域（即门前区域）中防守队员之间的空隙缩小，有效地破坏和控制对手的进攻，从而使防守处于相对稳固的态势，力争夺回球权。

（四）紧盯控制

当攻方向守方罚球区及其附近推进时，每个防守队员都必须做到看球、看人并控制好自己所要盯防的进攻队员，尽最大能力不让对手在危险区域控球、传球、射门。当守门员出击和扑球时，守方队员要及时做好保护或补门。

第二章

室内五人制足球基本技术动作

第一节　室内五人制足球颠球技术

颠球是指运动员用身体的各个有效部位连续地触击球，并加以控制，尽量使球不落地的技术动作。颠球是运动员熟悉球性的一种练习手段，以增强对球的弹性、重量、旋转及触球部位、击球时用力轻重的感觉。颠球通常作为热身、游戏练习来进行。

一、颠球技术动作要领

（一）挑球

挑球就是将地面静止的球挑起到空中，是进行颠球练习的第一步。挑球是将支撑脚踏在球的侧后方25～30厘米处，膝关节微屈，牢固支撑身体重心，挑球脚前掌轻轻放在接近球顶部位置，屈小腿（大腿微伸）将球轻轻拉向身体，当球被拉动后，前脚掌快速向往回滚动的球下伸去，在球滚至趾背的同时，脚趾伸（脚尖翘）、小腿微伸、大腿屈，并向前上方轻轻用力将球挑起。

（二）颠球

颠球的部位通常有正脚背、脚内侧、脚外侧、大腿、胸部、头部、肩部。当球下落时，身体某部位用力均匀地接触球下部，使球平稳地上下运行。颠球时要根据下一个击球部位调整击球力量，为了使不同部位接触球，练习者要随球调整身位。

二、颠球易犯错误

室内五人制足球颠球易犯错误有如下几种。

（1）脚击球时踝关节松弛，造成用力不稳定。

（2）击球时脚尖向下或向上勾，造成球受力后向前或向后触碰身体，使球难以控制。

（3）颠球时身体其他部位不够放松，以至于动作僵硬。

（4）头部、胸部、肩部颠球时，腿部、躯干配合用力不协调。

三、颠球练习方法

（一）1人1球颠球

1人1球颠球时，练习者要体会触球的时间、触球的部位、触球的力量和整个动作的协调配合。

（二）2人1球颠球

颠球时练习者用身体各部位触球，掌握好触球的力量，尽量不让球落地。每人可触球1次颠给对方，也可触球多次互颠，熟练后可互相喊对方颠球次数以增加颠球难度。

（三）5人围圈用2球颠球

此练习可规定每人触球的次数与部位，也可自由掌握触球的次数与部位。颠传时要注意观察，防止2个球同时颠传给同一人。

第二节　室内五人制足球传球与射门技术

室内五人制足球的传球与射门是指运动员有目的地用脚把球击向预定目标的技术。这也是室内五人制足球最重要的技术，传球与射门有着相同的技术动作，不同的是传球目标是本方队友，而射门是对方球门。

一、传球与射门技术动作结构

室内五人制足球传球与射门方法很多，动作要领有所不同，但是每一种方法都是由助跑、支撑脚站位、踢球腿的摆动、脚触球和踢球后的动作姿态 5 个环节组成。

（一）助跑

助跑是踢球前的几步跑动。助跑的作用在于调整人与球的方向、距离，以便在踢球时使支撑脚处于正确的位置，从而增加击球的力量。助跑最后一步要大一些，这是为踢球腿的充分摆动、增大摆腿速度、制动身体的前冲和提高击球的准确性创造条件。助跑分为直线助跑和斜线助跑，助跑的方向和出球的方向相同叫直线助跑，助跑的方向和击球的方向交叉叫斜线助跑。

（二）支撑脚站位

支撑脚的位置要以踢球腿的摆动能达到最大的摆幅、发挥最大的速度和有利于踢球脚准确地接触球的合适部位为原则。支撑脚的位置一般是由所使用的踢球方法（脚法）决定，脚需要踏在球的侧后方，一般距离球 25～30 厘米。踢活动球时，更要把握好支撑脚的位置，由于支撑脚落地时球仍在继续运行，因此，要把踢球脚后摆的时间计算在内。如追踢向前滚动的球时，支撑脚落地的位置要稍靠前，这样才能与球保持合适的距离。支撑脚要积极踏地以制动身体的前冲力量，膝关节要微屈，以维持身体的平衡、保证充分的摆腿和自如的踢球，支撑脚实际上起着固定支点的作用。

（三）踢球腿的摆动

击球力量的大小由多方面的因素决定，而主要取决于踢球腿的摆动，它是踢球力量的主要来源。摆幅大小、摆速快慢、腿的摆动动作是否正确，直接关系到踢球的力量、击出球的速度和球的运行距离。踢球腿的摆动是在支撑脚跨步时（助跑最后一步）顺势向后向前摆。当膝盖摆到接近球垂直上方的刹那或球内侧垂直上方的刹那，小腿加速前摆。

（四）脚触球

脚触球包括踢球脚的部位和击球的部位。一般来说，用脚的某一部位击球的后中部，作用力通过球心，出球平直。踢各种活动来球时，应准确判断来球的速度、方向等，根据出球目标，合理选择踢球脚以及脚与球的部位。

（五）踢球后的动作姿态

踢球后重心向前随踢球方向自然移动。

在以上 5 个环节中，支撑脚的站位、踢球腿的摆动、脚触球的部位是关键。

二、传球与射门技术动作要领

（一）脚内侧踢球

脚内侧踢球是脚内侧部位踢球的一种方法，特点是脚与球接触面积大，出球准确平稳，且易于掌握。但由于踢球时要求大腿前摆到一定程度时需要外展且屈膝，故大腿与小腿的摆动都受到限制，因此出球力量相对较小。

脚内侧踢球动作要领：直线助跑，支撑脚着地前的最后一步稍大些，支撑脚站在球的侧面约 15 厘米处，脚尖正对出球方向，支撑腿膝关节微屈。在支撑脚着地时，踢球腿大腿带动小腿由后向前摆动，在前摆的过程中大腿外展，当膝关节摆动到垂直地方时小腿做爆发式摆动，在触球前将脚跟送出，使得脚内侧部位所形成的平面与出球方向垂直，踢球脚底与地面平行，脚尖微微翘起，踝关节功能性地紧张使脚型固定，触（击）球后身体跟随移动，髋关节向前送。另外，若球是在移动中或高空来球，应注意球的速度和运行轨迹，做好身体重心的调整及支撑脚与触球脚摆腿的提前量。脚内侧踢球在实际运用中多是距离较近且需要准确的传球或射门（图 2-1）。

（二）脚背正面踢球

脚背正面踢球（又称正脚背踢球）摆幅相对较大，加之脚背踢球接触面（与球）相对较大，因而踢球力量也大，准确性也较高。但受以上因素的影响，出球的方向及性质相对变化也较小。在比赛中经常使用脚背正面踢定位球、地滚球、空中球、反弹球及倒勾球。球的性质多为不旋转的直线球，但也可用来踢抽击性前旋球。

脚背正面踢球动作要领：直线助跑，最后一步稍大些，支撑脚积极着地支撑，在球的侧面 10～12 厘米处，脚尖正对出球方向，膝关节微屈，支撑的同时踢球腿随跑动向后摆动，以髋关节为轴，大腿带动小腿由后向前摆动。当膝关节摆至接近球的正上方时，小腿做爆发式的摆动，脚趾屈，以脚背正面击球的后中部。击球后身体及踢球腿随球前移。另外，若球是在移动中或高空来球，应注意球的速度和运行轨迹，做好身体重心的调整及支撑脚与触球脚摆腿的提前量。脚背正面踢球在实际运用中多是距离较远需要力量的传球或射门（图 2-2）。

图 2-1　脚内侧踢球

图 2-2　脚背正面踢球

（三）脚背内侧踢球

脚背内侧踢球（又称内脚背踢球）是有目的地用脚背内侧将球击向预定目标的技术动作，是用第 3、4、5 跖骨体接触球的一种踢球方法。其特点是摆踢动作顺畅、幅度大、脚触球面积大、出球平稳有力且性能和路线富于变化，适用于中远距离传球和射门。

脚背内侧踢球动作要领：斜线助跑，助跑方向与出球方向约成 45°，最后一步稍大，支撑脚积极着地，脚尖指向出球方向，距球内侧后方 20～25 厘米，膝关节微屈。在支撑的同时，踢球腿已完成后摆，并开始以髋关节为轴大腿带动小腿由后向前摆动，当大腿摆至与支撑腿接近同一平面时，小腿做爆发式摆动，此时脚尖内转脚背绷直，以脚背内侧触击球的中下部。击球后踢球腿及身体继续向前。俗称的弧线球（香蕉球）也是由脚背内侧来完成，弧线球需要更快速的摆腿，通过改变触球的部位完成不同的弧线球（右中部地平弧线球，右下部高空弧线球）。扣传球也是由脚背内侧来完成，通过髋关节、膝关节、踝关节触球时向内的旋转达到左侧隐蔽性的扣传球。另外，若球是在移动中或高空来球，应注意球的速度和运行轨迹，做好身体重心的调整及支撑脚与触球脚摆腿的提前量。脚背内侧踢球在实际运用中多是需要绕开防守或隐蔽性的传球和射门（图 2-3）。

（四）脚背外侧踢球

脚背外侧踢球（又称外脚背踢球）是用第 3、4、5 跖骨部位接触球的一种方法。由于踢这种球脚踝灵活性较高，摆腿方向变化较多，且助跑时又是正常的跑动姿势，故其出球隐蔽性较强，室内五人制足球比赛中各种距离的弧线及非弧线球均可使用。

脚背外侧踢球动作要领：助跑、支撑脚站位及踢球腿摆动均与脚背正面踢球技术的 3 个环节相同，脚触球是用脚背外侧，此时要求膝关节和脚尖外转，脚背绷紧，脚趾紧屈并提膝，触（击）球后身体随踢球腿的摆动前送。另外，若球是在移动中或高空来球，应注意球的速度和运行轨迹，做好身体重心的调整及支撑脚与触球脚摆腿的提前量。脚背外侧踢球在实际运用中多是需要绕开防守或隐蔽性的传球和射门（图 2-4）。

图 2-3　脚背内侧踢球

图 2-4　脚背外侧踢球

（五）脚尖踢球

脚尖踢球（又称脚尖捅球）在以往的十一人制足球中往往被认为是不

正规的踢球方式，但随着近些年一些超级巨星在比赛中不断运用且达到较好的效果才被熟知、认可。其实这种踢球方式来自室内五人制足球，这是一种用脚尖部位接触球的方法，由于脚尖踢球时身体摆动幅度小，完成时间短且踢出的球球速快，因此，具有很强的隐蔽性和突然性。脚尖踢球可以借助踢球腿的最大长度，踢那些脱离身体控制范围、用正常脚法无法踢到的球，也可在射门中防守队员靠得很近无法正常摆腿或右脚队员在左侧需要完成射门时使用，室内五人制足球比赛中较多使用这种踢法。

脚尖踢球动作要领：脚尖踢球可以借助踢球腿的最大长度，踢那些脱离身体控制范围、用正常脚法无法踢到的球，也可在射门中防守队员靠得很近无法正常摆腿或右脚队员在左侧需要完成射门时使用。脚尖踢球的具体方法是支撑腿跳跃上步控制身体平衡，触球腿屈膝前跨，髋关节尽量前送，两臂上扬协助身体平衡，小腿快速摆动，绷紧脚尖，在踢球脚落地前用脚尖捅球的中部。另外，若球是在移动中，应注意球的速度和运行轨迹，做好身体重心的调整及支撑脚与触球脚摆腿的提前量。脚尖踢球在实际运用中多是球脱离控制范围或受到空间、时间、压力等因素影响时，具有隐蔽性和突然性的传球和射门。脚尖踢球的缺陷在于球的运行线路不稳定（图 2-5）。

（六）挑球

因为室内五人制足球场地小、防守距离近，通常十一人制足球中的长传球在室内五人制足球中达不到快速越过防守的目的，即使越过防守也容易出界，而挑球动作幅度小、频率快，且具有较强的隐蔽性，所以挑球在室内五人制足球比赛中运用较多。当传球线路被防守队员阻挡或形成单刀球守门员出击封住射门角度时，队员可以运用挑球技术达到越过防守的目的。

挑球动作要领：持球于身体前方，呈基本姿势站立，脚尖接触球的最底部，大腿带动小腿向前方摆动，触球的同时脚腕向上快速抖动，将球挑出。如需要向两侧挑球，则需要改变触球部位，向右侧挑球则外脚背向右摆动，向左侧挑球则内脚背向左摆动。另外，若球是在移动中，应注意球的速度和运行轨迹，做好身体重心的调整及支撑脚与触球脚摆腿的提前量。挑球在实际运用中多是线路被阻挡时的传球和射门（图 2-6）。

图 2-5 脚尖踢球

图 2-6 挑球

（七）踩球

室内五人制足球中踩传球的技术动作被广泛使用，特别是中锋位置球员该技术运用得十分频繁。当中锋背身脚底接球后，用身体倚靠住防守队员，待前插队友靠近时踩传球给队友，从而完成射门。

踩球动作要领： 脚底踩球处于身体前方，支撑腿弯曲身体后仰倚靠住防守队员，根据前插队友靠近的方向和位置选择踩传球的位置（图 2-7）。如需向两侧或向后踩传球，则需要依靠膝关节和踝关节向内、向外或向后的旋转来完成。踩传球只适合较近距离的传球和交叉时的传球。

图 2-7 踩球

三、传球与射门易犯错误

室内五人制足球传球与射门易犯错误如下：

（1）支撑脚位置不当，造成踢球脚无法有效地触及球的正确部位；

（2）踢球脚与球接触时未能按要求接触球的合理部位，影响出球的准确性，对出球的力量及性质也产生相应影响；

（3）踢移动的球时，没有根据球的方向、速度、性质等选择支撑脚的位置，也没有对踢球脚的摆动速度加以控制。

四、传球与射门练习方法

（一）踢球技术动作的模仿练习

设想地面上有 1 个目标（足球），跨步上前做踢球动作，然后过渡到几步慢速助跑的踢球模仿动作练习，最后可做快速助跑踢球的模仿动作练习。练习中应注意技术动作要求，并设想球的位置，尤其注意设想触球一瞬间踢球时踝关节的固定和脚背绷紧。

（二）1 人用脚底挡球，另 1 人踢球

此方法应注意踢球腿摆动与触球部位，同时还要检查支撑脚的正确与否。

（三）多种脚法的 2 人传球练习

2 人练习传定位球，可辅以接球练习。若进行踢移动球训练，2 人可相隔一定的距离进行不停顿的连续传球练习（图 2-8）。

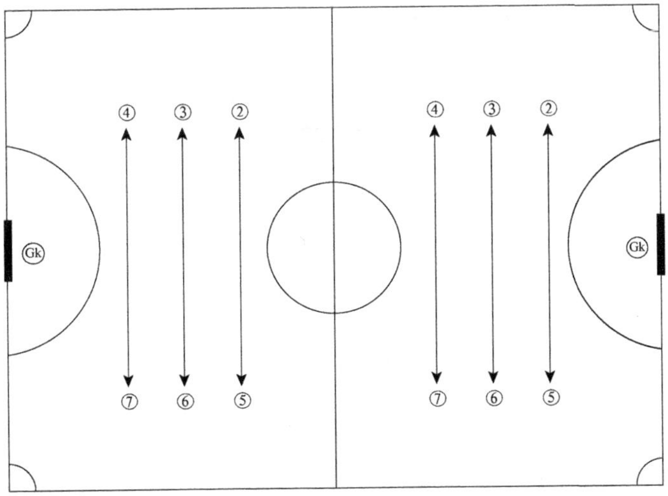

图 2-8　2 人 1 组传接球练习

（四）6 人传球结合脚步移动练习

2 人相距 20 米，用各种部位传球后进行各种移步、跳跃等身体辅助练习（图 2-9）。

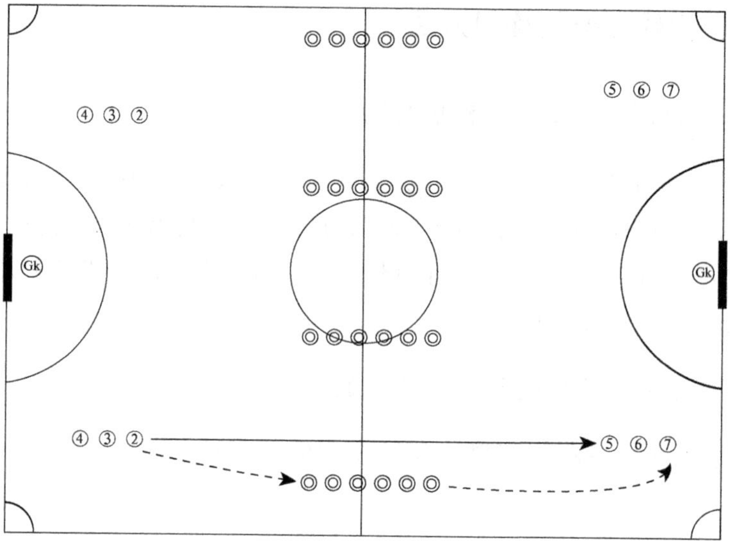

图 2-9　传球结合移步跃跳练习

（五）菱形踩传球练习

队员分 4 组相隔 15 米菱形站位，1 人传球到任意位置后到中间接应，接球后踩传球给另一名到中间接应的队员并到他的初始位置上，要求一脚球完成（图 2-10）。

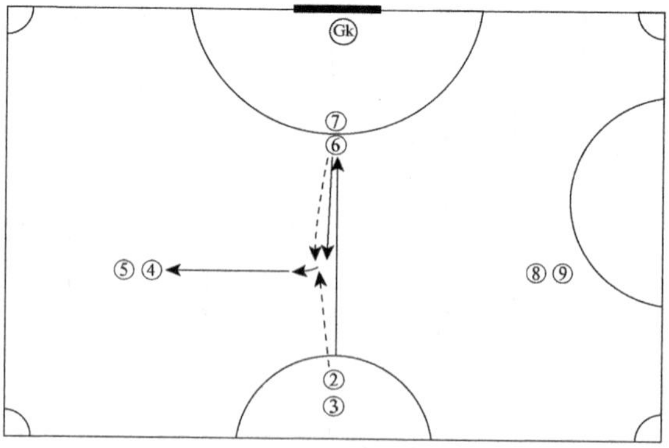

图 2-10　菱形踩传球练习

（六）传球靠近射门练习

2 人相距 10 米左右，1 人传球，1 人接球。在中锋位置接传球后踩传球回传，传球队员靠近射门或中锋自己转身射门（图 2-11）。

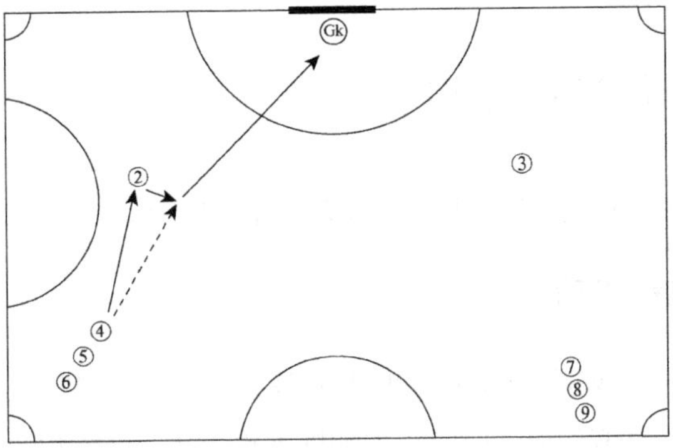

图 2-11　传球靠近射门练习

（七）射门练习

1 人传球 1 人射门，传球队员可根据情况传出各种类型的球供射门练习（图 2-12）。

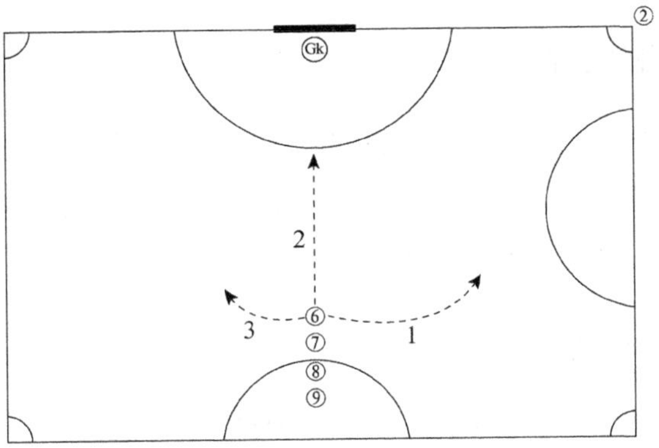

图 2-12　不同位置移动射门练习

第三节　室内五人制足球接球技术

接球是指运动员有目的地用身体的合理部位把运行中的球接下来，控制在所需要的范围内，以便更好地衔接下一个技术动作。接球是为下一个动作服务的，接球质量的好坏直接影响下一个动作能否顺利完成。由于比赛中来球的性质、状态不同，所以接球应根据不同情况，采用不同的动作方法。

一、接球技术动作结构

无论采用哪一种接球方法，动作结构都是由以下 4 个环节组成。

（一）观察和移动

为了更好地完成接球动作，事先要注意观察来球的情况，根据球的运行路线、旋转与速度等情况，迅速判断落点，及时移动，使自己处于做接球动作的最佳位置。

（二）选择接球的部位和接球方法

不同的接球部位与方法有不同的作用，因此，必须根据临场情况及下一个动作的需要，恰当地选择接球的部位与方法。

（三）来球的力量

根据来球的力量大小和接球的实际需要，可分别采用加力或减力（缓冲）方法。根据来球的力量、方向及接球实际需要，还可按照反射定律调整反射角，从而获得理想的反射角。

（四）随球移动

接球动作做完立即随球移动，紧密衔接下一个动作，接球与处理球的动作之间不能有停顿。

二、接球技术动作要领

接球的方法有很多种，室内五人制足球中地滚球全部用的是脚底接球，高球则根据来球的高度选择大腿或胸部接球，也可移动身位用脚底接球。

（一）脚底接球

由于室内五人制足球比赛空间小、防守距离近，脚底接球易于将球接得更平稳，更利于快速衔接下一个技术动作，所以脚底接球在室内五人制足球中被广泛使用。

脚底接球动作要领：身体正对来球方向，移动前迎，支撑脚站在球的侧面，脚尖正对来球方向，膝关节微屈，同时接球腿提起，膝关节微屈，脚尖上翘，使脚前掌与地面约成45°（且脚跟离开地面），一般以前脚掌接触球的后上部为宜。在触球瞬间根据接球方向的需要利用髋关节、膝关节、踝关节发力方向的变化在接球同时将球推向前方、左右两侧或拉向身后（图2-13）。

（二）大腿接球

大腿接球一般可以用来接平高球。大腿接球动作要领为面对来球方向，根据来球的高度，接球腿大腿微屈，送髋前迎来球，当球与大腿接触瞬间收撤大腿，使球落在需要的位置上（图2-14）。

图2-13　脚底接球

图2-14　大腿接球

（三）胸部接球

由于胸部接球触球面积大、肌肉较丰满等特点，胸部接球是接高球的一种好方法。胸部接球包括挺胸式和收胸式两种方法。

1. 挺胸式接球

挺胸式接球一般用于接高处下落的球。挺胸式接球动作要领为面对来球站立（两脚左右或前后开立），两膝微屈，重心置于支撑面内，上体后仰，下颌微收，两臂自然张开，维持身体平衡。接触球瞬间，两脚蹬地，膝关节伸直，胸部轻托球的下部使球微微弹起于胸前上方（图 2-15）。

图 2-15　挺胸式接球

2. 收胸式接球

收胸式接球一般用于接平直的高球。收胸式接球动作要领为面对来球，两脚左右或前后开立，两臂自然张开，挺胸迎球，触球瞬间收胸、收腹、臀部后移将球接在体前。若需要将球接在体侧，则在触球瞬间转体将球接在身体的一侧。

三、接球技术易犯错误

室内五人制足球接球技术易犯错误如下：

（1）球从脚下漏过，主要原因是未掌握好脚的触球部位距离地面的高度；

（2）接球时将球卡在触球点，影响下一个动作的衔接；

（3）接球后身体重心不能及时跟上，影响身体对球的控制；

（4）对球在空中运行的速度和轨迹判断不准确，或迟或早、或高或低而造成漏接。

四、接球技术练习方法

（一）个人接球技术练习

利用足球墙练习接各种地滚球。由开始原地接球，到迎上去接，或开始将球接在脚下，逐渐过渡到将球接到所设想的适宜位置。根据需要可加大踢球力量提高反弹球速，增加接球难度。另外，也可练习接反弹球与空中球。

（二）2 人接球技术练习

（1）正面接地滚球：2 人面对面站立，相距 15 米左右，1 人踢地滚球，另 1 人迎上去接球（可参考传球练习，做传接球组合练习）。

（2）2 人跑动中传接球练习：2 人一组使用 1 球，在一定范围内跑动中练习，传球时可传出各种形式的球，距离近时以地滚球为主，距离远时以空中球为主，从而提高运动员接球能力。

（三）方形传接球练习

在边长约为 15 米的方形区域中，队员分 4 组分别站在 4 个角上，传球后向传球方向快速移动。要求 2 脚出球，所以接球的质量和方向是关键（图 2-16）。

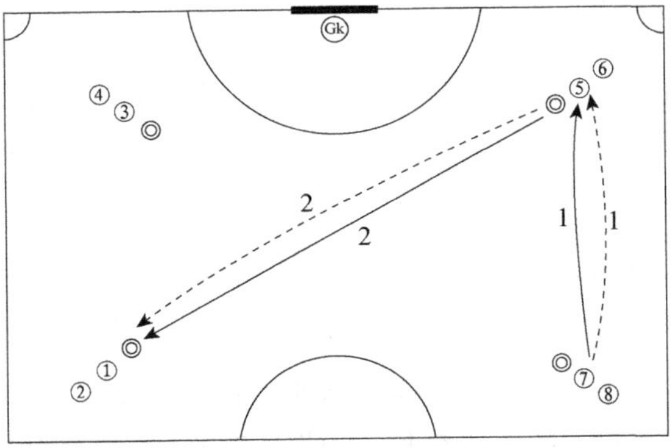

图 2-16　方形传接球练习

（四）多人传抢球练习

加入防守增加难度，从开始的进攻人数多、防守人数少逐步过渡到攻守人数相等。从不限制触球数到规定 2 脚出球，从而提升队员接球质量。

第四节　室内五人制足球运球技术

从狭义上讲，运球技术仅是指运球的方法，即用身体的某一部分触球，使球能随运球者一起运动；从广义上讲，运球则不仅让球随人运动，还必须越过对方的防守，也就是说使用运球方法达到越过对方防守的目的，这里也包含了运球方法的运用问题。

一、运球技术动作结构

运球技术动作通常是由运球方法的选择与准备、跑动中不间断触球、为下一动作的连接做好准备 3 个环节组成。

（一）运球方法的选择与准备

这一环节是根据临场情况瞬间做出的，而且队员要随时根据需要改变运球方法。

（二）跑动中不间断触球

这一环节是运球技术最关键的部分，当开始实施运球后，队员应根据临场情况的需要使用适宜身体部位不间断地触球，并使球始终处在自己的控制范围内，为了达到这一目的，队员必须注意避开（或越过）对手，注意触球时的力量及球运动的方向。运球跑动要自然、重心低、步幅小、频率快，这些要求是根据比赛的实际情况提出的。协调、自然的跑动能使动作自如，变向、变速较易进行。重心低便于急停、变速、变换方向，而且不易在对抗中失去平衡。频率快有利于动作随时变换，并能随时触到球以保持对球的控制权。运球过程中眼睛不能只关注球，还应注意周围情况，这样才能在临场情况突然发生变化时迅速采取措施，并将球控制到适宜的位置上去。

（三）为下一动作的连接做好准备

这一环节主要是指运球的任务已经结束，接下来需要传球和射门时，球所处的最佳位置以及身体应处于何种状态更有利于开展下一个动作。这就需要队员在运球即将结束时迅速做好上述准备，准备应在运球过程中自然协调地进行，从而使运球与传球（射门）一气呵成。

二、运球技术动作要领

室内五人制足球常用的运球技术有脚内侧运球、脚背正面运球、脚背外侧运球、脚背内侧运球、脚底踩拉运球。

（一）脚内侧运球

脚内侧运球要求在运球前进时支撑脚始终领先于球，位于球的侧前方。肩部指向运球方向，支撑腿膝关节微屈，重心放在支撑腿上，另一条腿提起屈膝，用脚内侧推球前进，然后运球脚着地。

由于肩部指向运球方向，身体侧转，虽然移动速度较慢，但身体前倾有利于将对手与球隔开，因而这种运球技术多运用在运球寻找配合时，或对方阻拦需用身体做掩护时。

（二）脚背正面运球

脚背正面运球时身体保持正常跑动姿势，上体稍前倾，步幅不宜过大，运球脚提起，膝关节稍屈，髋关节前送，脚尖下指，在着地前脚背正面触球后中部将球推送前进。

由于脚背正面运球时身体持正常跑动姿势，故可以发挥出较快的移动速度，因而这种运球技术多运用在前方一定距离内无对手阻拦时。

（三）脚背外侧运球

脚背外侧运球时身体持正常跑动姿势，上体稍前倾，步幅不宜过大，运球腿提起，膝关节稍屈，髋关节前送，脚尖向内旋转，使脚背外侧正对运球方向，在运球脚落地前用脚背外侧推拨球的后中部。

脚背外侧运球时，身体姿势与正常跑动时相同，因而可以发挥出较快的移动速度，故与脚背正面运球有相同的用途。另外，利用脚踝的动作可以很快改变脚背外侧面正对的方向，故在运球脚一侧改变方向时也多采用这种运球方法。脚背外侧运球能用身体将对手与球隔开，故掩护时也常使用。

（四）脚背内侧运球

脚背内侧运球时身体稍侧转并自然协调放松，步幅小，上体前倾，运球腿提起外展，膝微屈外转，脚尖外转，使脚背内侧正对运球方向，在运球脚落地前用脚背内侧推拨球，使球随身体前进。

脚背内侧运球时由于身体稍侧转，不能采用正常跑动姿势，因而不适用于高速运球。但由于接触部位和支撑位置的特点，脚背内侧运球时易于完成向支撑脚一侧的转动，故此种运球方法多用于向支撑脚一侧的转动变向。

（五）脚底踩拉运球

脚底踩拉运球因能将球更好地控制在脚下，所以在室内五人制足球中被广泛使用。脚底踩拉球时持球脚前掌放在球的上部，支撑脚膝关节弯曲，重心向后，在球的侧后方做支撑并隔开防守队员，根据需要的运球方向，髋关节、膝关节、踝关节随身体重心摆动踩拉球。

三、运球过人方法

前文讲述了运球的基本方法，掌握这些运球的方法后，在无对手阻拦时可以将球控制在自己的周围，但若遇对手阻拦时想越过对手的阻拦，就必须恰当地、灵活地使用这些方法，抓住对手瞬间出现的漏洞，从而达到突破对手的目的。

（一）利用速度强行过人

持球者突然快速推拨球（力量较大）与快速奔跑相结合越过对手的阻挡，使用这种方法必须具备以下几个条件：

（1）防守队员身后有较大纵深；

（2）无其他的防守队员，或其他防守队员难以补位；

（3）持球者高速运球，防守队员跑上来准备抢球。

（二）利用身体的掩护强行过人

当持球者接近对手双方速度减慢或中锋背身持球时，持球者侧身或背身，用身体靠住对手以另一侧脚踩拉球，转身将对手倚在身后并随球越过对手。这种方法一是要求持球队员有能力倚住对手而不被对手挤开；二是要求将球控制在远离对手一侧，对手伸脚时不能触及球；三是要求运球者在倚住对手时不可将重心偏离支撑面，否则一旦对手闪开时自己也会失去平衡。

（三）利用变速运球过人

利用变速运球过人是对手在持球者侧面，持球者用另一侧脚运球，运球者利用运球速度的变化达到甩掉对手或越过对手的目的。这种方法适用于防守者是被动的容易被运球者甩掉的情况。有时运球者采用突停、突起甩掉对手，这要求运球者必须能很好地控制球与自己的身体，做到球随人来，人随球走，这样才能达到过人的目的。

（四）恰当组合动作过人

运球者单脚或双脚轮流选用上述动作，恰当地组合动作，适时变化运球的方向与速度，使对手难以判断过人的方向与时机，或错误地移动重心，运球者从而抓住漏洞越过对手。

（五）穿裆球过人

当运球者遇到对手从正面阻挡时，发现对手两脚开立较大，而且重心在两脚之间，运球者应侧身运球接近对手，抓住时机将球从对手两脚之间推（拨）过，随后身体从对手侧面越过并继续控球。穿裆过人的方法有时可以收到奇效，因为一般防守运球队员时，防守者多把注意力放在防止运球者从身体侧面越过，加之防守队员用左右开立的站位方法，脚下站得较死，转身比较困难，妨碍了转身、起动的速度。当防守者两腿左右开立并不大时，运球者可以用假动作引诱防守者使其两腿分开变大，然后再使球穿裆而过。

（六）人球分路过人

人球分路过人主要是利用防守者的注意力集中在球上及防守者认为可以触到球的心理，达到过人的目的。因此当防守者出脚抢球时，运球者将球推（拨）到前方，而防守者的抢球脚未触到球着地时，身体重心也随之转移过来，这时运球者迅速从防守者的另一侧越过去继续控制球，防守者再转身起动则很难追上球。若运球者推球时使用“蹭”的方法，“蹭”出弧线球来，这样更有利于越过防守者后控制球。

（七）运球假动作过人

运球假动作过人是运球者利用腿部、上体的晃动使对手产生错觉，在对手做抢球动作时，使其重心产生错误的移动，运球者则抓住时机从另一侧越过对手。

比赛中运球过人的方法有很多，只要熟练地掌握上述各种运球方法和动作并注意以下几点，才能在比赛中较有把握地完成运球过人。

（1）掌握好过人时防守者的动态。运球者应根据临场防守者所处的位置及状态，决定自己应采取的过人方法。例如，当运球者高速运球接近对手时，若对手快速迎上来抢球，就可以利用速度强行过人。

（2）掌握好过人的时机。过人的时机要根据临场防守者的情况而定。如运球速度很快时，运球者应离对手距离近些再实施过人动作，否则对手将有时间转身起动将球追上。用假动作过人时，运球者应善于利用对手因判断错误而造成重心移动的时机进行过人。

（3）掌握好过人时的距离。除利用速度强行过人外，其他过人方法都应是在距离对手一大步的地方进行，并应大于运球者与球的距离，防守者勉强可以触到球，但不会先于运球者触及球。另外，这样的距离也便于运球者在做出动作使防守者重心发生错误移动而越过防守者，防守者更难以回追抢截。

四、运球技术易犯错误

室内五人制足球运球技术易犯错误有如下几种：

（1）眼睛只盯着球，不能随时观察周围情况，因而不能根据临场情况及早采取措施；

（2）身体僵硬影响了动作的协调自如，造成不恰当的脚部位接触球；

（3）重心过高连接步幅过大而不能有效地控制球；

（4）背身、侧身时不能很好地用身体隔开防守队员，而使得球容易被破坏。

五、运球技术练习方法

（一）1人1球直线慢跑运球练习

1人1球，在直线慢跑中体会脚各部位运球技术动作。

（二）2人1球消极防守运球练习

1人运球，1人做消极防守后退，体会在有防守的情况下脚各部位运球的变速、变向（图2-17）。

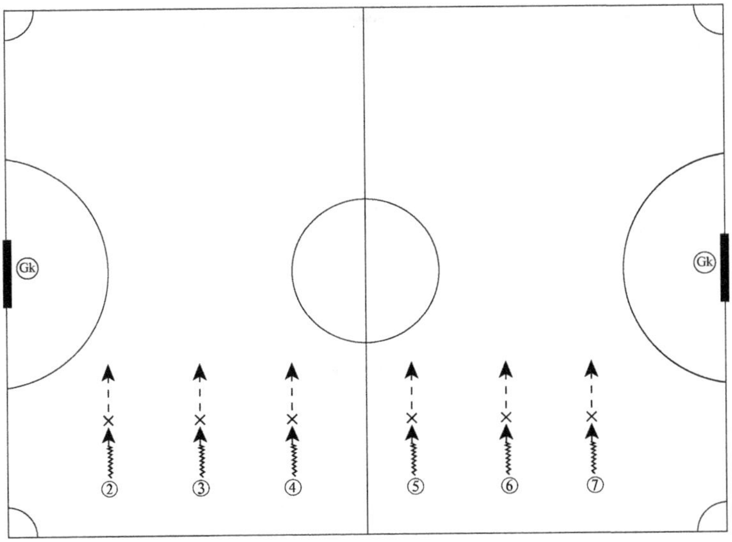

图2-17　消极防守运球练习

（三）多人运球变速变向练习

1 人 1 球，在要求区域内做脚各部位的运球练习，注意抬头观察躲避其他运球队员。练习可快慢结合，30 秒快、30 秒慢，10 分钟一组，作为体能训练的辅助练习（图 2-18）。

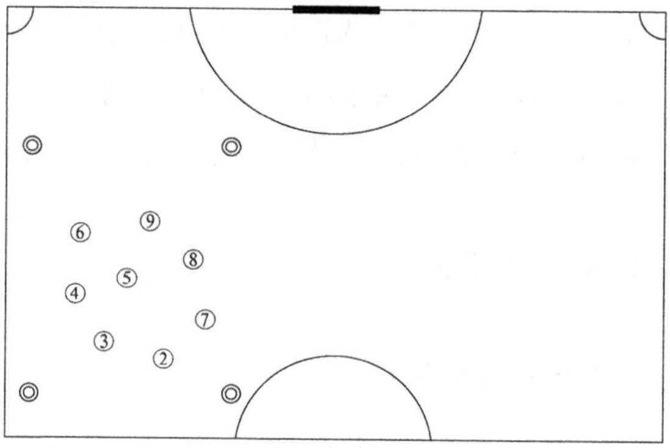

图 2-18　运球变速变向练习

（四）1 对 1 半场攻防练习

在真实的对抗中，使练习者合理地运用所学的运球技术，结合变速变向、假动作等达到突破防守的目的（图 2-19）。

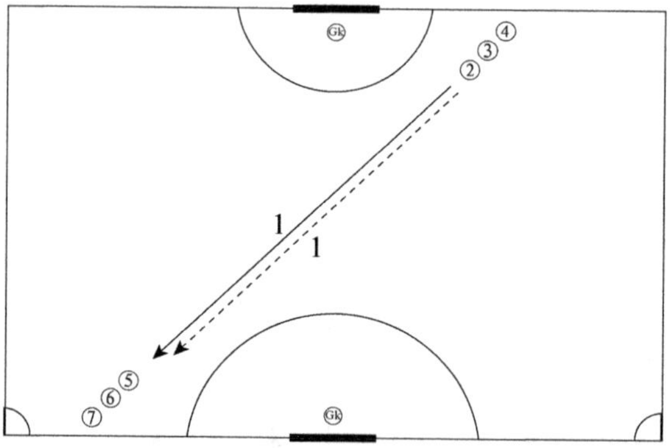

图 2-19　半场攻防练习

第三章

室内五人制足球进攻战术

第一节　室内五人制足球个人局部进攻战术

一、个人局部进攻战术

（一）中路变速、变向跑

中路持球队员往边路传球，直线匀速移动，边路队员到内线接球，2 人眼神交汇时中路队员做后撤斜线变速、变向移动摆脱防守。持球队员进行大斜线传球并快速摆脱靠近，接球队员可转身射门，也可回传，靠近球门的队员射门。此战术注重队员移动看球、速度与方向的变化，以及传接移动的时机与摆脱与靠近（图 3-1）。

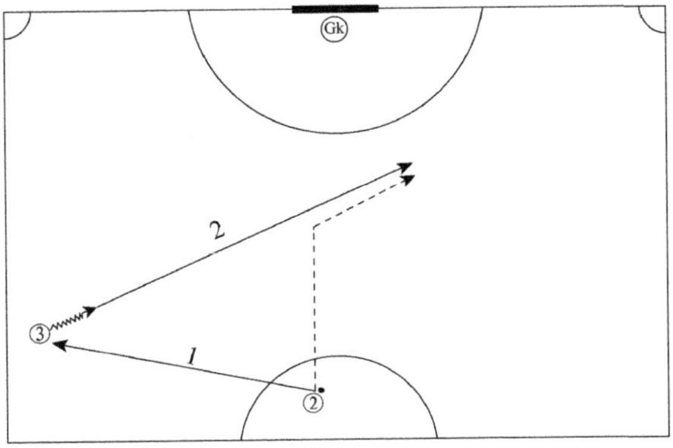

图 3-1　中路变速、变向跑

（二）中路摆脱跑 2 过 1 连接边直线

中路持球队员往边路传球，做摆脱跑与边路队友进行 2 过 1 配合，如时机不好或对方盯防较紧，可进行斜线跑动边直线的传球。此战术注重训练队员移动的突然性和把握传球时机（图 3-2）。

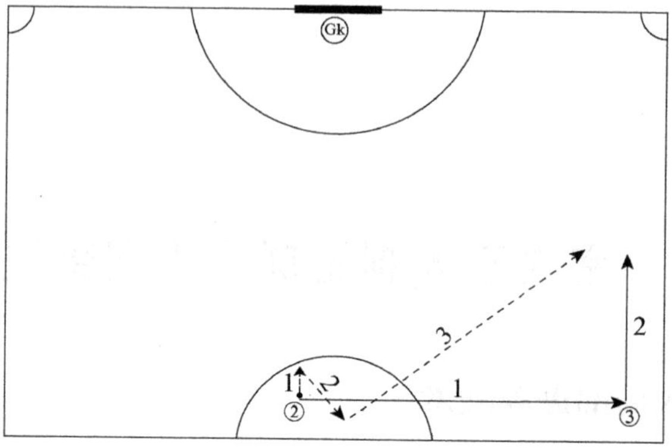

图 3-2　中路摆脱跑 2 过 1 连接边直线

（三）中路“鱼钩”跑连接边直线

中路持球队员往边路传球，然后向前移动到一定深度做“鱼钩”状跑动回接，如时机不好或对方盯防较紧，可进行斜线跑动边直线的传球。此战术注重训练队员移动看球、回接时机、移动的突然性（图 3-3）。

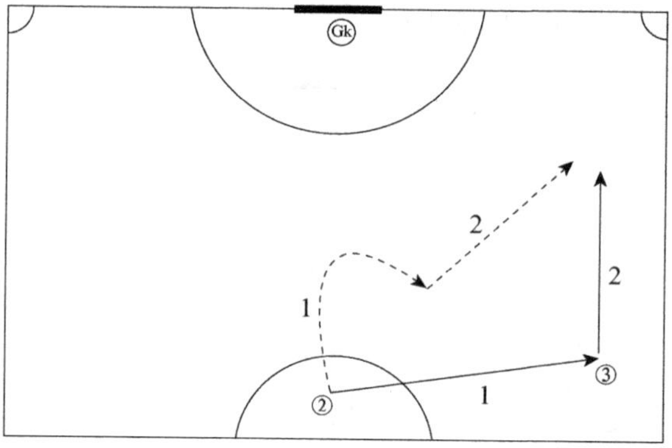

图 3-3　中路“鱼钩”跑连接边直线

（四）挡拆

中路持球队员往边路传球，然后向球的方向移动，帮助持球队友进行掩护然后进行内切（与篮球挡拆技术类似）。此战术注重训练队员挡拆时机及线路的选择（图 3-4）。

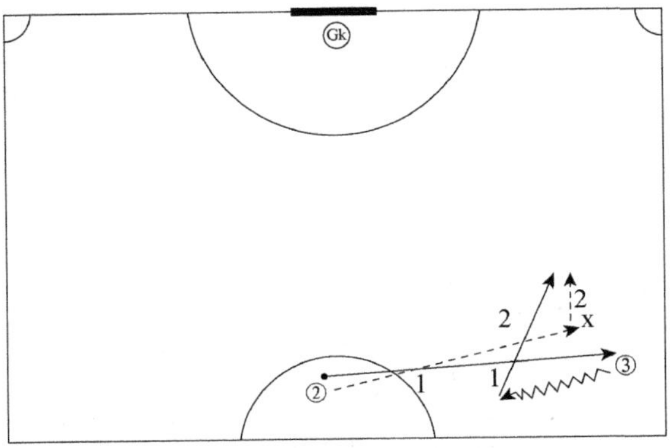

图 3-4　挡拆

（五）边路横向跑连接边直线

边路持球队员向中路传球后，横向匀速到中路接应，中路队员快速将球转移到另一边并横向向远端拉开接应，到中路接应时如时机不好或对方盯防较紧，可进行斜线移动边直线的传球。此战术注重队员移动的时机与突然性（图 3-5）。

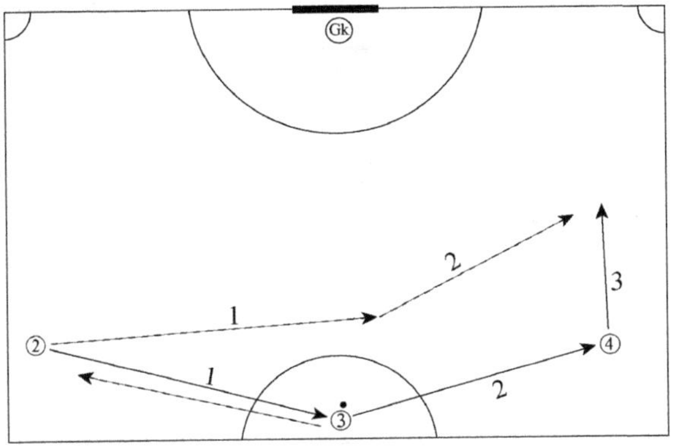

图 3-5　边路横向跑连接边直线

（六）边路直线前插内切

边路持球队员向中路传球，然后直线全速前插，把防守队员位置往下带后突然内切。原边路队员接球后可向中路移动接球射门，传球队员沿边路背插，也可向后传给背插队员射门。此战术注重队员进攻的时机与突然性（图 3-6）。

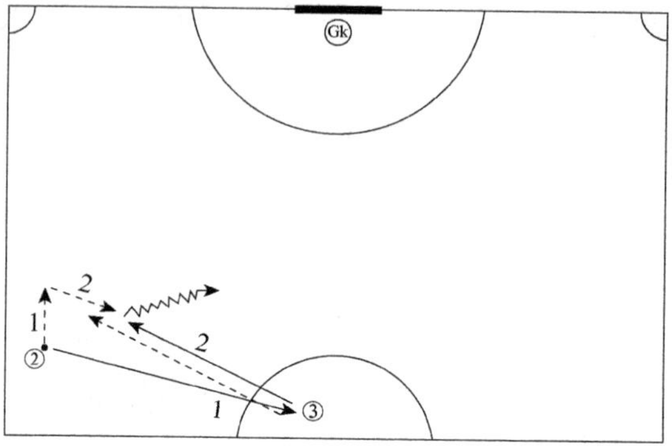

图 3-6　边路直线前插内切

（七）边路斜线前插后撤

边路持球队员向中路传球，然后斜线向前匀速移动，与中路队员 2 人眼神交汇时，边路移动队员做斜线变速、变向的移动以摆脱防守。中路持球队员进行大斜线传球并快速摆脱防守靠近球门，移动到中路的队员接球后可射门，也可回传给靠近的队员射门。此战术注重培养队员移动看球、感受速度与方向的变化，以及传接移动的时机及摆脱对方的防守靠近对方的球门（图 3-7）。

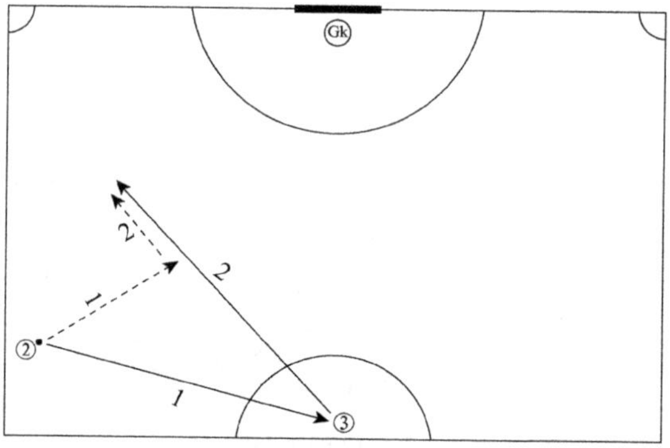

图 3-7　边路斜线前插后撤

（八）远门柱包抄

一旦边路队员出现传球或射门机会，离远门柱最近的进攻队员全力插上进行包抄（多以中锋为主）。因为室内五人制足球比赛的球门较小，边路直接射门被守门员扑出的概率较高，远门柱位置是守门员的盲区，防守队员也较难处理来球，所以远门柱位置成为室内五人制足球比赛中进球率较高的一个点。此战术注重培养队员感受球速及包抄要使用远端脚挡射或铲射技术（图 3-8）。

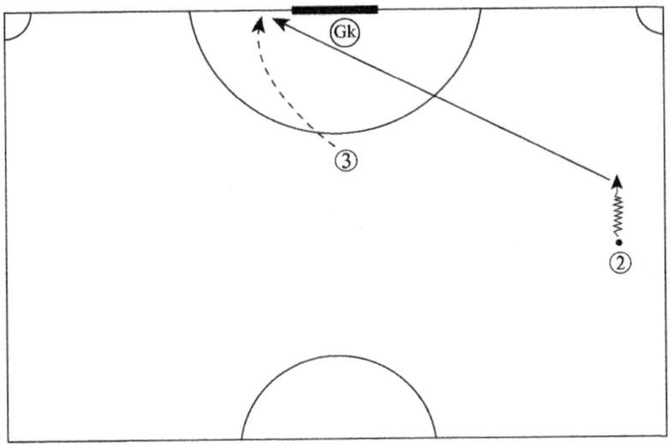

图 3-8　远门柱包抄

（九）中锋移动

中锋在室内五人制足球比赛中主要起到桥头堡的作用，在对方禁区前沿附近与防守队员不断抢位，根据球的移动方向选择到中路或边路、防守队员身前或身后接球。中锋持球后背身护球转身射门或回传给队友跟上射门。中锋移动绕出后需快速传球移动回中锋位置。此战术培养中锋队员注重跑位和要球时机，以及根据进攻方整体阵型的移动拉开队友前插的空间。

（十）传中锋后的移动

当球有效地传至中锋脚下，进攻队员通常的移动有两种（图 3-9、图 3-10）：

（1）斜向前插接应中锋，同时留出中锋回传射门的空间。

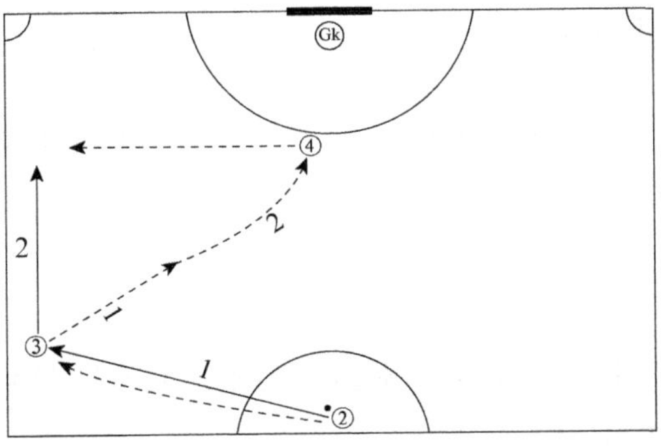

图 3-9　边路传中锋斜向跑

（2）快速摆脱防守靠近中锋寻求回传射门。

此两种战术配合注重传接球的时机及突然性。

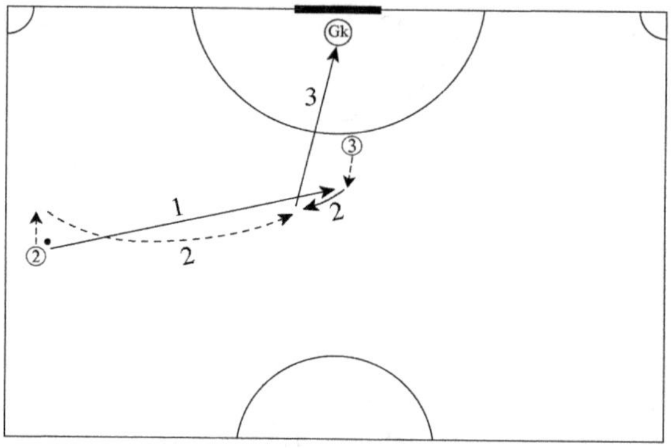

图 3-10 边路传中锋摆脱靠近

二、个人局部进攻战术重点

室内五人制足球个人局部移动不仅仅局限于上述几种方法，还可以根据全队整体战术打法不断延伸。个人局部战术移动相互之间都是有连接的，有向前的移动必定有绕回的移动，若干个人局部移动的组合将形成整体的进攻战术打法。室内五人制足球比赛中个人局部移动一定要突出看球的移动、传接的时机、速度与方向的变化、突然性与欺骗性。

三、个人局部进攻战术练习方法

（一）移动射门练习

队员 2 人 1 组，在无防守状态下选择运用上述图中个人局部移动进行射门练习。

（二）战术对抗练习

在 2 对 2、3 对 3、4 对 4 的对抗练习中，要求队员有意识地完成上述练习中的个人局部移动。

第二节　室内五人制足球以多打少进攻战术

一、以多打少进攻战术基本原则

在由守转攻的瞬间，会出现短时间以多打少的进攻局面，这段时间也是完成射门得分的最佳时机。室内五人制足球以多打少进攻战术的基本原则有以下几点：

（1）利用传球快速推进；

（2）无球进攻队员快速前插至防守队员身后空当，拉开进攻空间（室内五人制足球比赛规则中没有越位）；

（3）在防守没有形成对传球线路切断的局面时，提前传球到空当位置；

（4）当防守形成了对传球线路切断的局面时，通过间接传球到空当位置；

（5）注重远门柱的包抄；

（6）注重被紧逼盯防后的 2 次摆脱选位以进行接应。

二、以多打少进攻战术基本要求

（一）2 打 1 战术

（1）横向 2 打 1 战术。进攻队员快速向前带球并根据防守队员的位置进行选择，如果传球线路没切断，则早传球并移动至远门柱位置进行包抄，接球进攻队员选择射门或大力射向远门柱；如果传球线路被切断，则沿边路快速带球突破，远端进攻队员向远门柱包抄（图 3-11）。

（2）纵向 2 打 1 战术。快速向前带球并根据防守队员的位置进行选择，如果传球线路没切断，则早传球并移动至远门柱位置进行包抄，注重二次摆脱；如果传球线路被切断则快速向内线带球突破，无球进攻队员包抄远门柱（图 3-12）。

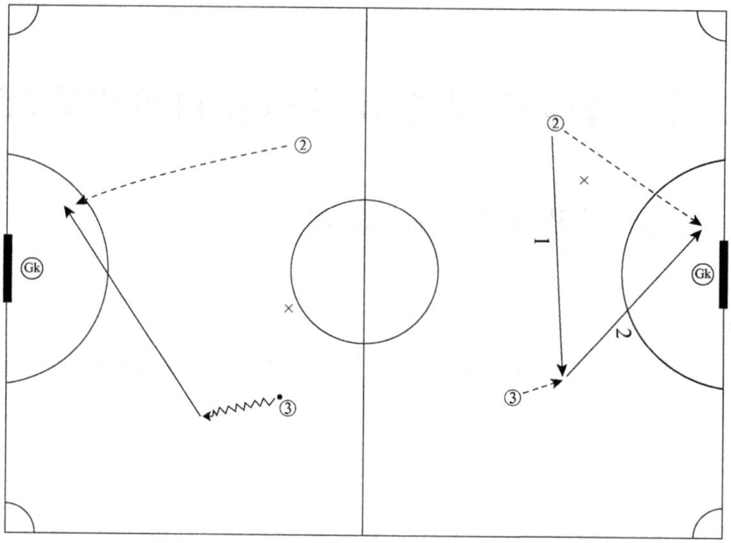

图 3-11　横向 2 打 1 的两种局面

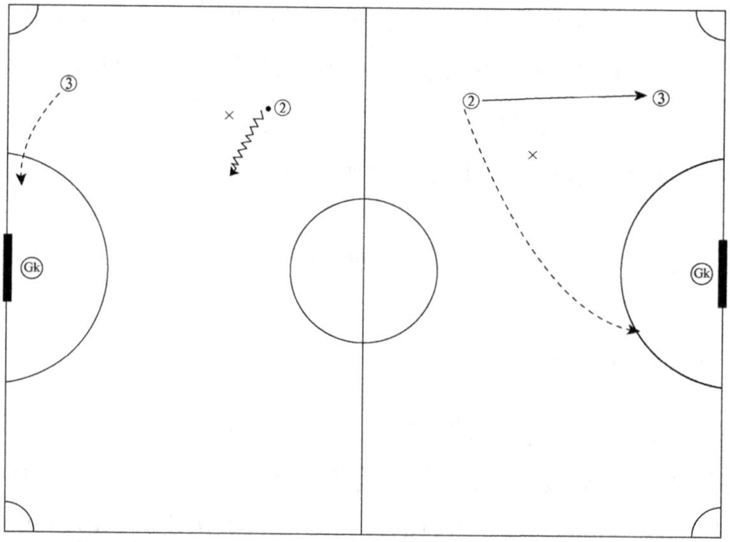

图 3-12　纵向 2 打 1 的两种局面

（二）3 打 2 战术

快速推进传球到边路或边路队员持球，中路进攻队员前插至同边防守队员身后的空当，根据防守队员的站位选择，边路队员传球给前插队友完成射门或包抄远门柱。如传球线路切断，则向内线快速带球突破完成射门或包抄远门柱（图 3-13）。

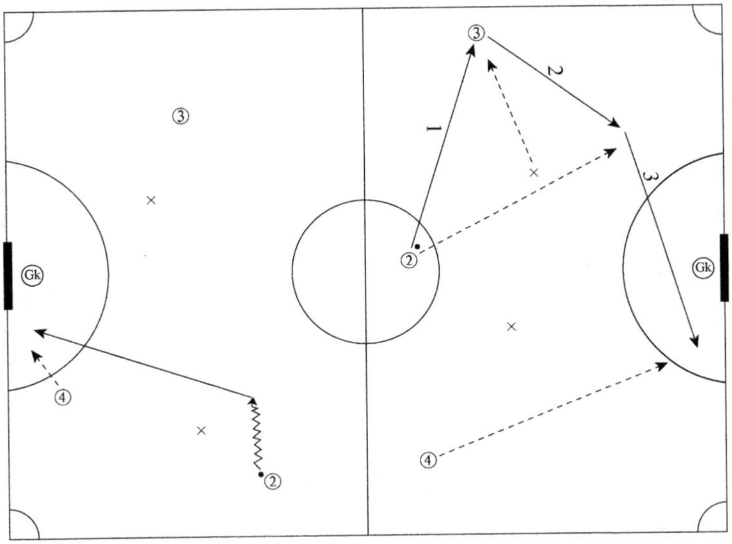

图 3-13　3 打 2 进攻的两种局面

（三）4 打 3 战术

如因防守队员没能快速回位，进攻队员需快速推进，直接或间接传球到无防守的空位区域完成射门，远门柱的队员进行包抄（遵循以多打少的进攻原则）。

如对手罚下 1 人，则 2-2 站位，通过快速的一两脚传球调动防守队员的位置，寻求对角的斜线传球、横线的远门柱传球及快速摆脱后的射门（图 3-14）。

（四）5 打 4 战术

此战术一般出现在比赛所剩时间不多且本方比分落后急于扳回比分，或比分领先时通过用队员换下守门员，利用多 1 人的控球来消磨时间，此战术又称 5-0 战术。

5-0 战术是通过换下守门员并换上 1 名进攻队员，增加 1 个接应点来达到对球的控制或打击对手的目的。通常 5-0 战术的站位分两大类：后场 3 名进攻队员与后场 2 名进攻队员。

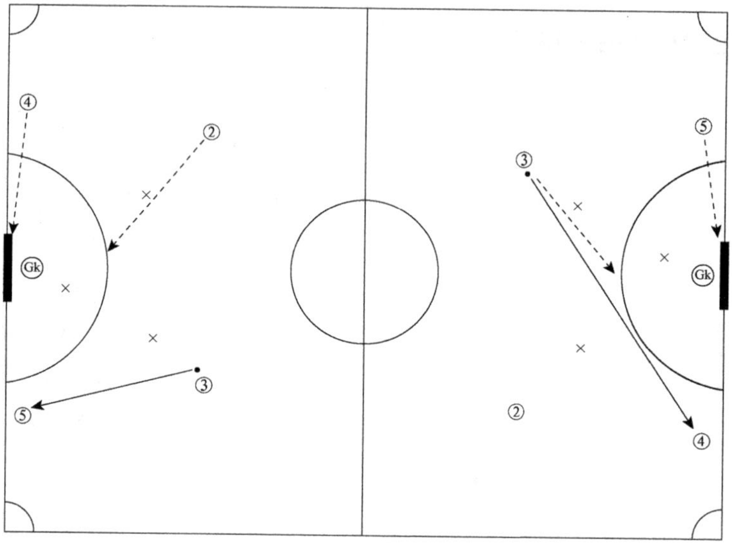

图 3-14　4 打 3 进攻的两种局面

（1）后场 3 名进攻队员站位包括：

1）1-2-2 基础站位（图 3-15）；

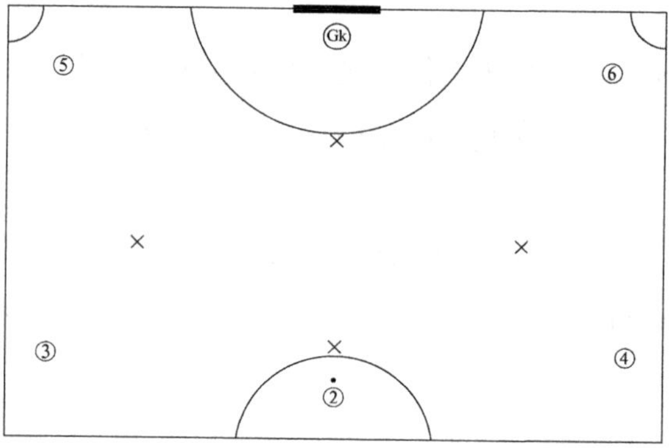

图 3-15　1-2-2 基础站位

2）1-2-2 锥形站位（图 3-16）；

3）1-2-1-1 防守内部站位（图 3-17）。

进攻队员通过不间断快速的传倒球调动防守队员，从而寻找对角的斜线传球。即使球到底线进攻队员也需对角同伴提供接应，远端进攻队员要包抄远门柱。同边进攻队员可进行前插防守内部的移动，同时底线进攻队员绕回到边路进行位置交换。这类进攻站位主要应对 1-2-1 的防守体系。

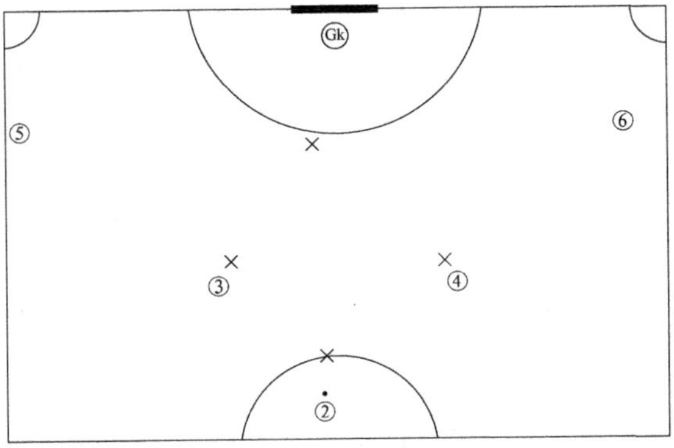

图 3-16　1-2-2 锥形站位

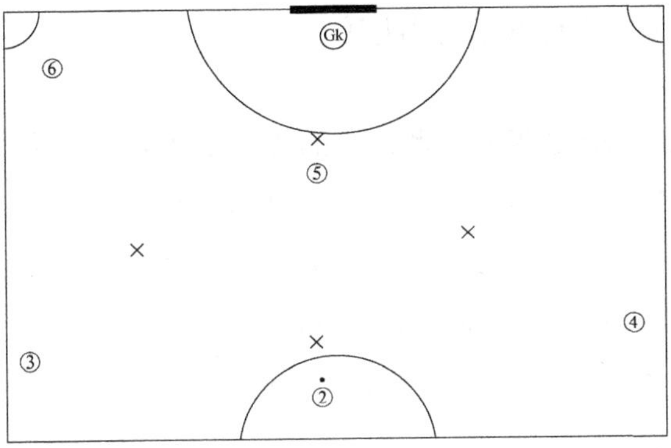

图 3-17　1-2-1-1 防守内部站位

（2）后场 2 名进攻队员的站位为 2-3 阵型。后场 2 名进攻队员保持 10 米左右的传球距离，前场 3 名进攻队员拉开场地宽度左中右依次站位。此站位变化较丰富，主要在于中间进攻队员的移动，在不间断快速传倒球调动防守队员的同时，中间进攻队员寻求时机进行下底线的移动、高位挡拆的移动、平位挡拆的移动而形成局部快速射门机会，同样对角的接应、远门柱的包抄是进球的主要线路（图 3-18）。

5-0 战术讲究快速平稳地传接球、传球的隐蔽性与欺骗性、对角的接应和远门柱的包抄。如防守逼抢较紧、进攻机会不佳时，安全地处理球防止抢断后反击空门，一旦对方抢断后有射门机会，离本方球门最近的队员迅速回门保护，防止对手封挡抢断后有直接吊空门的机会。如失去球权，成死球，则进攻方需快速退回本方半场换上守门员，活球则原地人盯人紧逼防守，离本方球门最近的队员迅速回门保护。

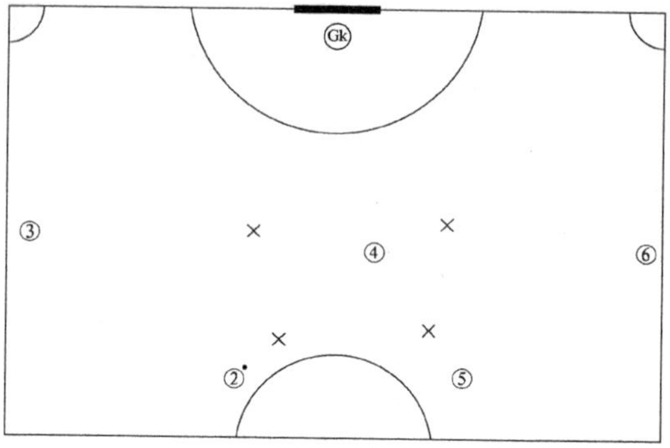

图 3-18　2-3 站位

三、以多打少进攻战术重点

室内五人制足球比赛中以多打少的进攻战术是进球率最高的，因为此时对手的防守体系尚未形成且进攻中短时间会有人数上的优势。所以进攻时一定要突出快，当然比赛中进攻情况和变化是教练员无法判断的，重要的是队员要根据防守队员的状态和位置做出正确的选择。以多打少战术进球点会集中在远门柱、禁区前沿，或者是守门员出击后各区域的摆脱射空门。

四、以多打少进攻战术练习方法

（一）2 打 1 练习

（1）3 名队员左中右依次排开，守门员传球至任意一点，接球队员 1 脚传球，其他 2 名队员后进行防守，另 2 名队员进攻（图 3-19）。

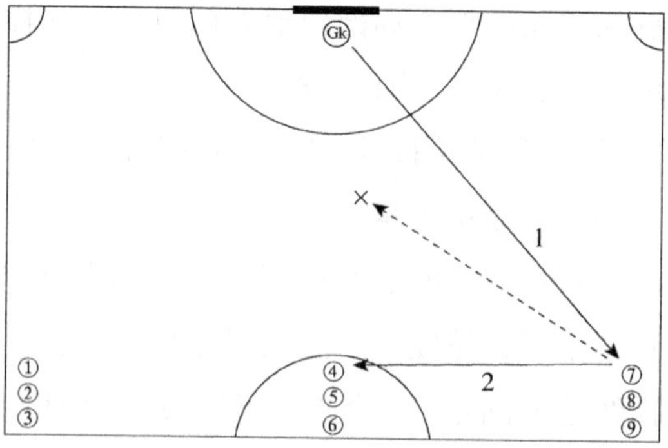

图 3-19　2 打 1 练习方法一

（2）3 名队员左中右依次排开，中路队员持球并传球给守门员后快速跑到点球点转身进行防守，守门员接球后传球给其他 2 名队员，这 2 名队员进攻（图 3-20）。

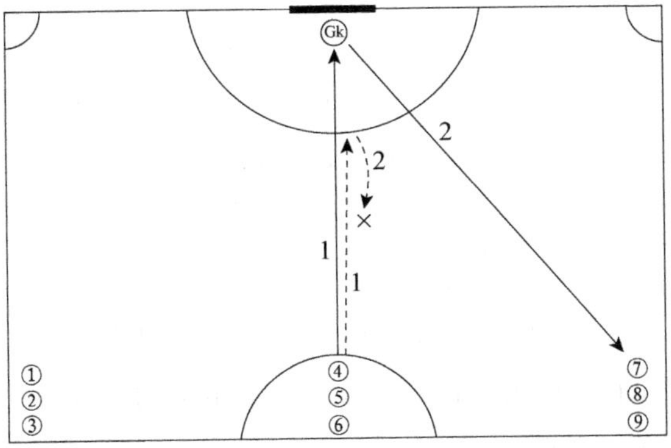

图 3-20　2 打 1 练习方法二

（3）将一边球门移至中线，教练员持球在边线上，2 名进攻队员与 2 名防守队员面对面站在边线上，进攻队员摆脱防守接教练员的传球，接球后对两边球门均可完成射门得分（图 3-21）。

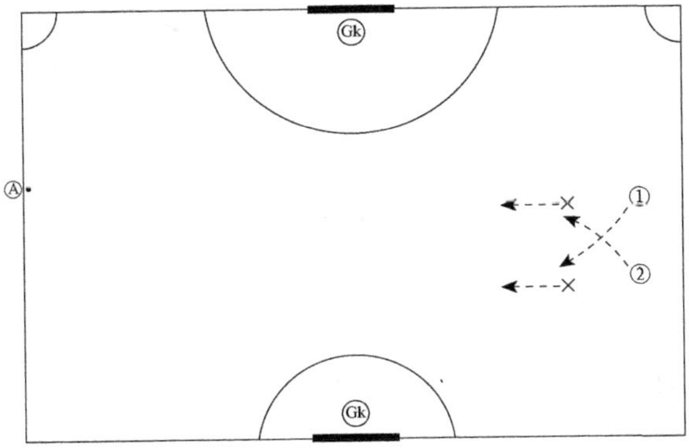

图 3-21　2 打 1 练习方法三

（二）3 打 2 练习

（1）2 名防守队员站在 10 米线上，面对守门员横向移动阻拦发球，3 名进攻队员中线接应。当守门员的传球通过防守阻拦后 2 名防守队员立即转身形成 2 防 3 的局面（图 3-22）。

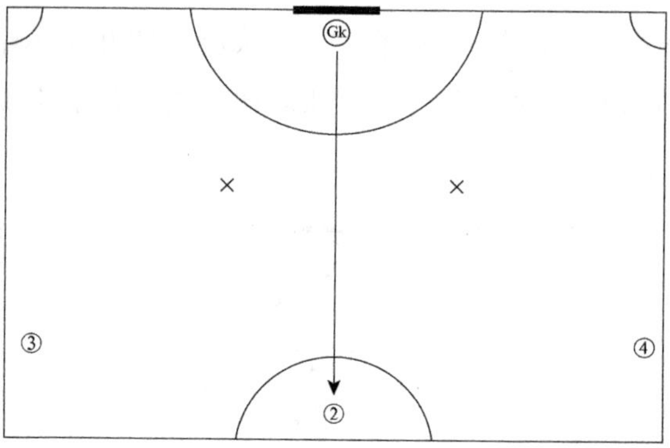

图 3-22　3 打 2 练习方法一

（2）将一边球门移至中线，教练员持球站在边线上，3 名进攻队员与 3 名防守队员面对面站在边线上，进攻队员摆脱防守要教练员的传球，接球后对两边球门均可完成射门得分（图 3-23）。

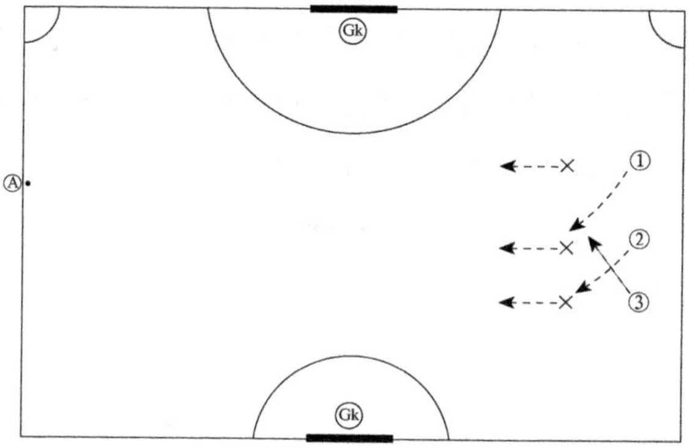

图 3-23　3 打 2 练习方法二

（3）将一边球门移至中线，半场正常 3 对 3 比赛，一次进攻结束，最后触球队员快速去摸对方球门柱并回追，形成短时间以多打少的局面（图 3-24）。

（三）以多打少的结合练习

此练习至少 9 名队员参加，3 名队员左中右依次排开，每队后面跟 2 名队员。守门员传球至任意一点后，该队员带球完成与守门员的单刀球进攻后转身防守，教练员从底线传球，外围 2 名队员参与进攻形成 2 打 1 局面，结束进攻后，2 名进攻队员转换成防守队员，在 10 米线上面对守门员

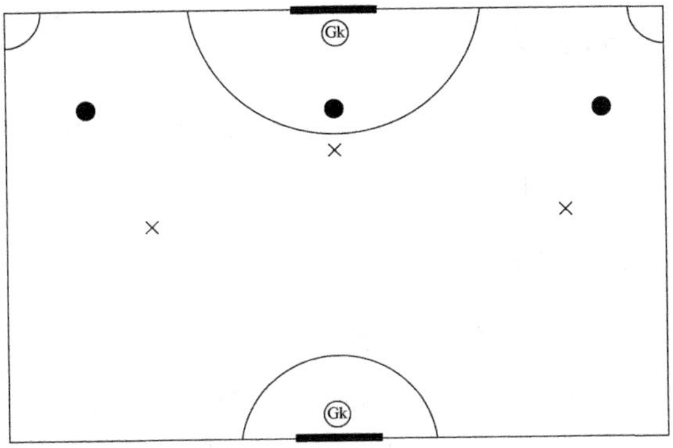

图 3-24　3 打 2 练习方法三

横向移动阻拦发球，3 名进攻队员中线接应，当守门员传球通过防守阻拦后 2 名防守队员立即转身形成 2 防 3 的局面。1 对 1 守门员、2 打 1、3 打 2 为一个循环，反复进行练习。

（四）4 对 4 比赛增加 2 个接应点

在 4 对 4 比赛中增加 2 个无防守的前场进攻接应点，队员接球后可参与进攻，形成瞬间攻守失去平衡的以多打少局面（图 3-25）。

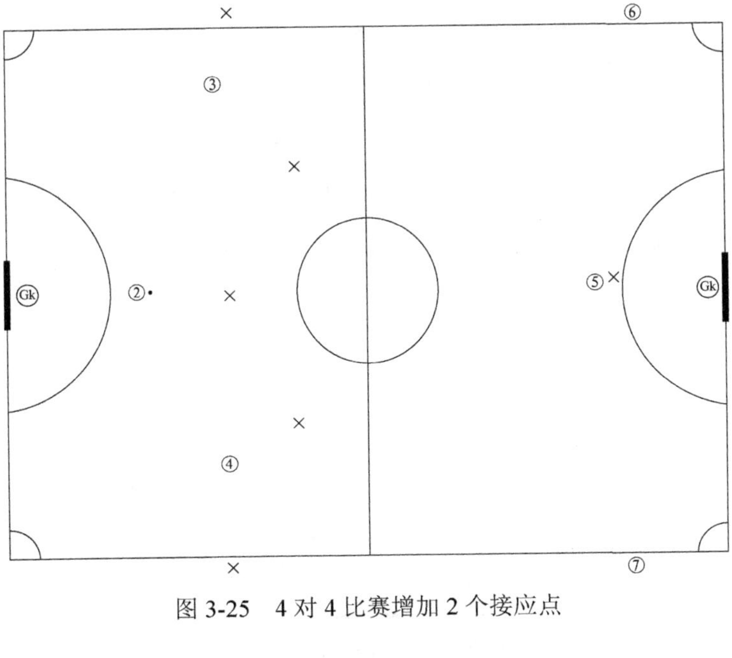

图 3-25　4 对 4 比赛增加 2 个接应点

（五）4 打 3 的进攻练习

结合比赛中对手罚下 1 人，本方需要在净时 2 分钟内完成射门得分，遵循图 3-14 中的进攻站位和移动。

（六）5-0 战术演练

5-0 战术常用的站位与移动主要包括基础站位传接移动、防守内部站位传接移动、锥形站位移动变化一、锥形站位移动变化二、锥形站位移动变化三、2-3 站位移动变化一、2-3 站位移动变化二、2-3 站位移动变化三、2-3 站位移动变化四。

通过不间断传球，寻找传球到两边底线后远门柱的包抄和对角接应的射门机会（图 3-26）。

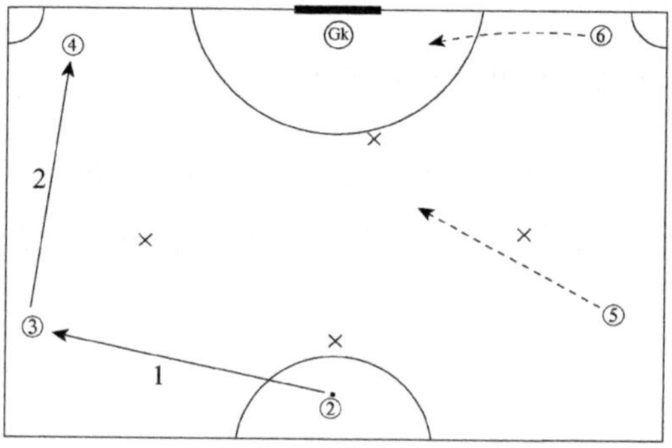

图 3-26　基础站位传接移动

通过不间断传球，3 号、4 号、6 号队员的位置轮转，寻找传球到底线后远门柱的包抄和对角接应的射门机会（图 3-27）。

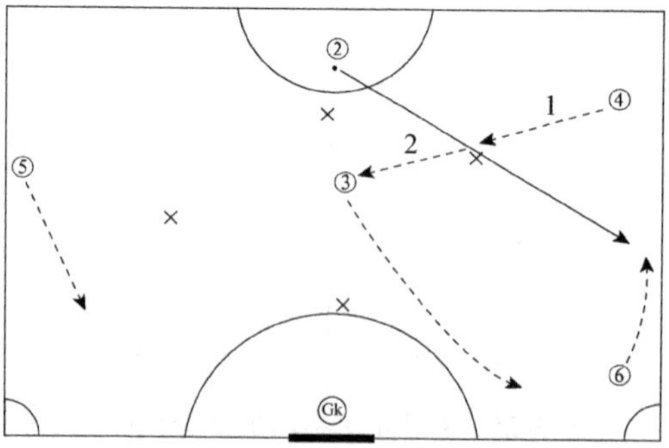

图 3-27　防守内部站位传接移动

通过不间断的传球，3 号、4 号队员寻找对角传球后远门柱的包抄和对角接应的射门机会（图 3-28）。

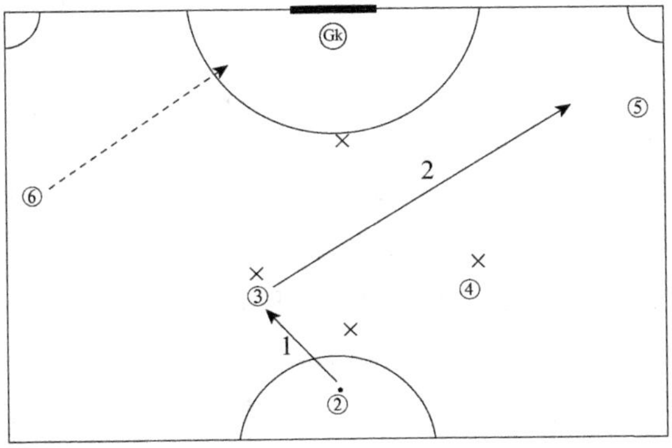

图 3-28　锥形站位移动变化一

通过不间断的传球，2 号队员寻找斜线 3 号或 6 号队员的传球后远门柱的包抄和对角的接应射门机会（图 3-29）。

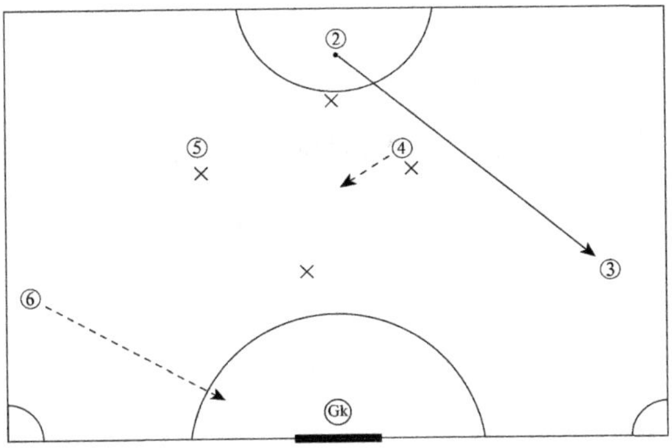

图 3-29　锥形站位移动变化二

通过不间断的传球，寻找间接对角传球后远门柱的包抄和对角的接应射门机会（图 3-30）。

通过不间断传球，中间队员寻找下底线接球后，远门柱的包抄和对角接应的射门机会（图 3-31）。

通过不间断传球，中间队员寻找高位内线挡拆转身接球时机，两边队员前插（图 3-32）。

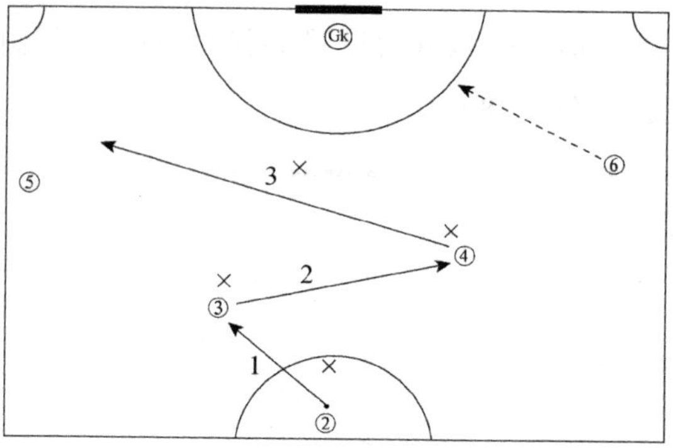

图 3-30　锥形站位移动变化三

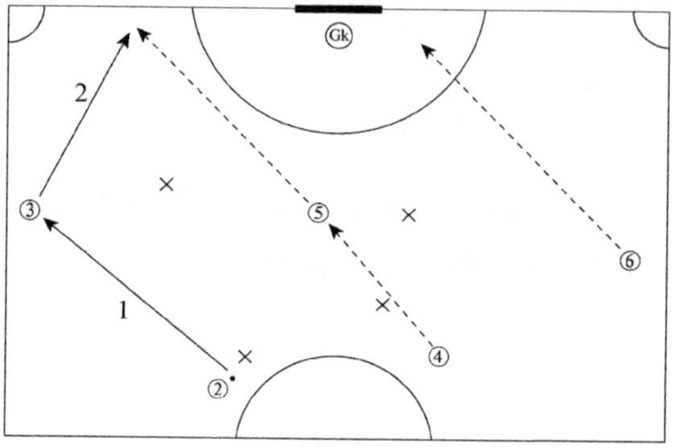

图 3-31　2-3 站位移动变化一

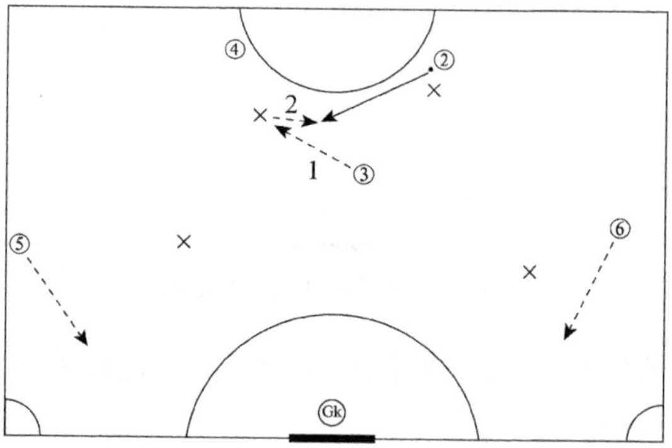

图 3-32　2-3 站位移动变化二

通过不间断传球，中间队员寻找高位外线挡拆的时机，掩护队员拉开接应，两边队员前插（图 3-33）。

通过不间断传球，中间队员寻找平位挡拆转身的时机，掩护队员内切接应（图 3-34）。

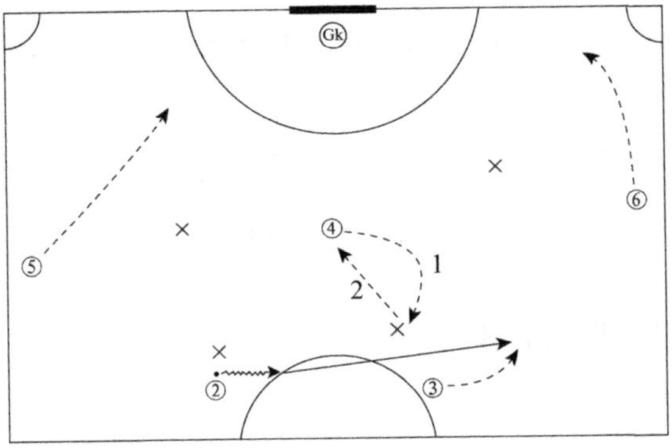

图 3-33　2-3 站位移动变化三

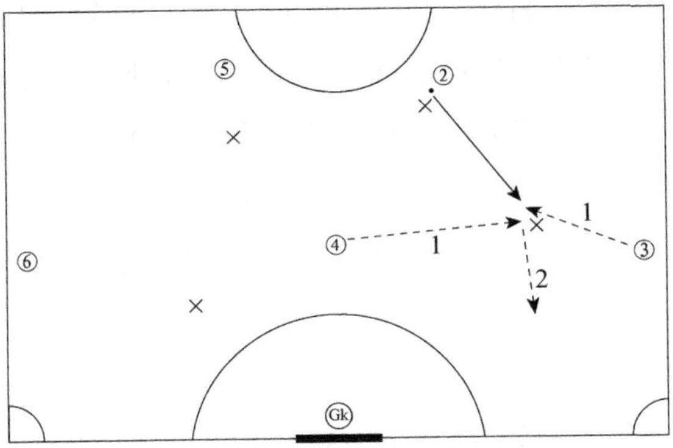

图 3-34　2-3 站位移动变化四

练习时可设定不同场景，让队员完成 5-0 战术的演练：比如本方领先需要通过 5-0 战术消耗时间；本方落后较多，需要尽快完成进球；对方防守有没有快速地靠近紧逼；对方的防守是采用 2-2 防守体系还是 1-2-1 防守体系等。

第三节　室内五人制足球定位球进攻战术

一、定位球进攻战术的重要性

定位球进攻战术是指比赛成死球时球队所采用的进攻战术方法，包括球门球、中圈开球、界外球、角球、任意球、10 米点球、6 米点球。室内五人制足球场地小，罚球距离球门近，往往能造成射门威胁，定位球进攻战术已成为决定比赛胜负的重要组成部分。尤其是在势均力敌的比赛中，常常是定位球决定比赛的胜负。因此，队员必须重视定位球的练习，尤其要重视培养教练员的战术设计和队员临场的应变能力。

二、定位球进攻战术示例

（一）任意球

任意球战术最重要的环节是移动队员与发球队员之间的协同配合。罚球的时候，主罚队员应该选择最好的时机、精准地传球或射门，并使用最恰当的力量，因此，主罚队员应该不急不躁，有良好的阅读比赛能力。10米线左右中路的直接任意球可通过队员简单的移动完成射门，靠近边路或间接任意球的移动也不宜复杂，利用交叉、挡拆等移动最好 1 次传球后完成射门。

1. 战术练习一

（1）目的：利用轮转移动影响防守判断。

（2）步骤：2 号、3 号队员站在球前主罚任意球，4 号队员站近门柱附近，5 号队员站远门柱附近。2 号队员发球，同时 3 号队员做射门假动作后向近门柱移动，4 号队员向远门柱移动，5 号队员从远门柱绕回形成 1 个轮转换位（图 3-35）。

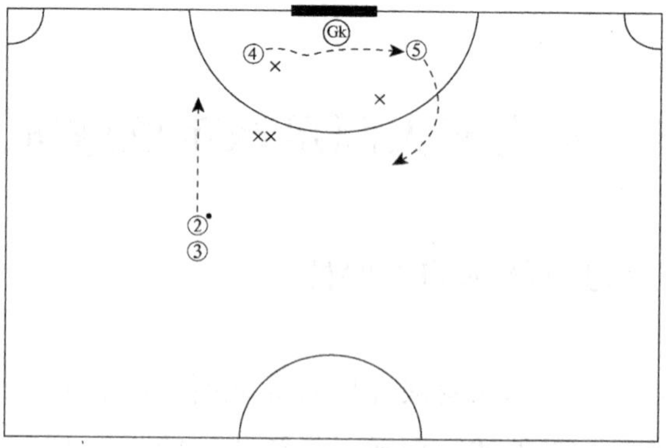

图 3-35　任意球轮转战术

（3）变化：如防守位置没有受到影响，2 号队员没有较好的直接射门得分机会，可以通过移动后出现的 3 个机会完成射门。

（4）练习要点：

1）移动的统一性及移动后是否为发球队员创造传球线路。

2）发球队员的观察选择很重要。

2. 战术练习二

（1）目的：通过挡拆形成空位射门。

（2）步骤：2 号队员主罚任意球，3 号队员站近门柱附近，4 号队员贴人墙外围站位，5 号队员易边拉开寻求一脚射门线路。同时 3 号队员横向拉开一步，4 号队员贴人墙转身，2 号队员传球给 3 号队员，3 号队员回传 4 号队员完成空位射门（图 3-36）。

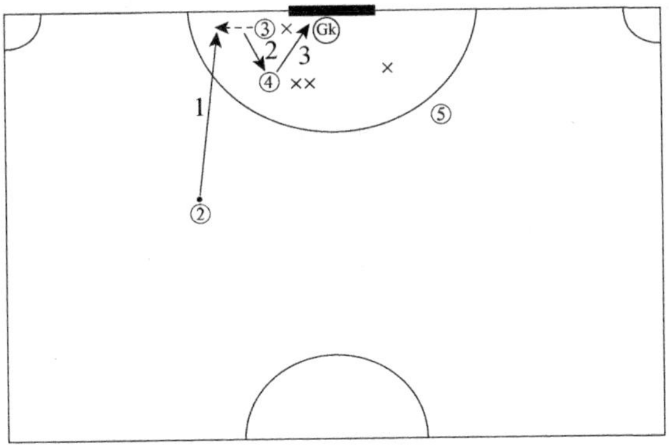

图 3-36　任意球背转身战术

（3）变化：当时机不好或没有出现机会，2 号主罚队员直接射门或传远端 5 号队员完成射门。

（4）练习要点：

1）移动传接时机很重要。

2）隐蔽性要强，不让对方提前预判。

（二）角球

角球的主要目的是射门得分或至少给对手造成一定的威胁。但有时，角球的目的仅仅是确保控球权，确保控球权这一目的是否需要实现取决于比分、比赛所剩的时间、是否出现得分机会等因素，这需要发球队员来阅读比赛。

1. 战术练习一

（1）目的：通过交叉打乱防守队员的站位。

（2）步骤：2 号队员主罚角球，3 号、4 号、5 号队员 10 米线横向摆开。同时 3 号队员斜向跑向远门柱，4 号队员绕开到近边的外围，5 号队员寻求 2 名防守队员中间的传球线路（图 3-37）。

（3）变化：根据移动后的效果，发球队员可直接将球半高（膝关节高度）平快射向门前。

（4）练习要点：

1）不管哪个点出现机会，最好采用一脚射门。

2）4 号队员绕开到近边外围时需绕大一些，这样能远离防守队员，并给自己足够的射门调整空间。

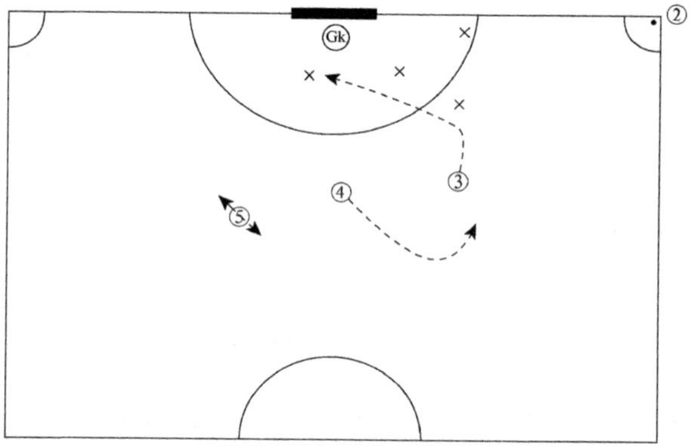

图 3-37 角球横线移动战术

2. 战术练习二

（1）目的：通过挡拆完成凌空射门。

（2）步骤：2 号队员发角球，3 号队员站远门柱附近，4 号队员站 10 米点附近，5 号队员站近边外围。同时 3 号队员绕出进行挡拆，需要挡住最后 1 名防守队员，4 号队员绕开最远端接同伴的挑传球凌空射门，2 号发球队员发出球后快速移动到远端门柱附近，接射向该区域的球或补射（图 3-38）。

（3）变化：如 3 号队员进行挡拆而防守队员向外提前移动，3 号队员顺势向前移动寻求前点射门机会，也可以移动至 5 号队员的近边外围射门。

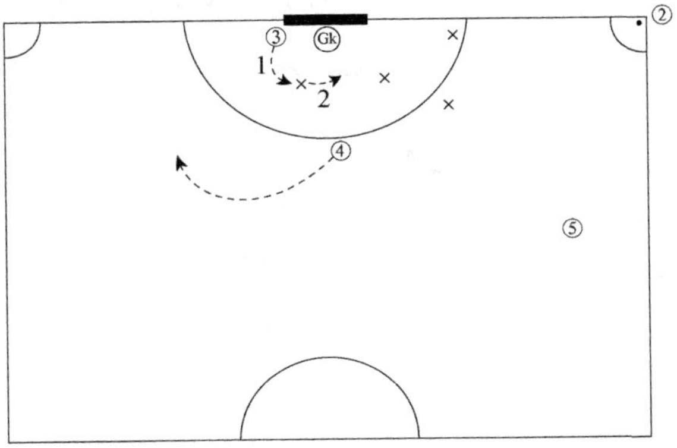

图 3-38　角球后挡战术

（4）练习要点：

1）发球队员挑传球的质量。

2）4 号队员凌空射门的质量。

3）2 号发球队员发球后远门柱的包抄。

（三）界外球

发界外球的主要目标有两个：做一次能够射门得分的尝试及确保对球的控制权。这些目标的实现，均受发球点和对方球门之间的距离、防守队员的位置与防守战术要求、进攻队员的位置以及发球队员观察阅读比赛能力的影响。

1. 战术练习一

（1）目的：利用中锋拉开防线，寻求远门柱的包抄。

（2）步骤：进攻队员 2 号发球，3 号中锋队员从中间拉边带走防守队员，同时近端 4 号队员突然斜向跑包抄远门柱，5 号远端队员外围横传射门及进攻时的平衡保护。这时根据防守位置会出现三个传球点，3 号中锋队员拉边防守队员不跟防出现的底线传球线路，对角 5 号远端队员因快速到中路接应 3 号中锋队员持球时的倒三角传球。如防守队员跟防 4 号远门柱传球线路就会出现，如果对方防守远门柱的保护也很好，外围 5 号队员就可接横传一脚射门（图 3-39）。

（3）变化：如果进攻队员经过 1 次移动防守方跟防都较好，没有出现机会时，可进行 2 次移动。5 号远端队员继续前插远门柱，包抄远门柱的队员 4 号从边路绕回外围横传、射门及做好全队进攻时的平衡保护。

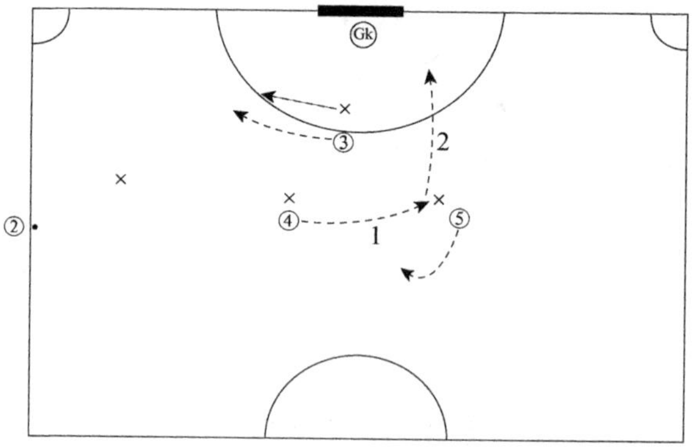

图 3-39　边线球中锋拉边战术

（4）练习要点：

1）确保发球队员做好良好的观察（抬头观察）。

2）确保无球队员移动的突然性、隐蔽性，并能够制造出传球线路。

3）尽可能一脚完成射门。

2. 战术练习二

（1）目的：利用中锋挡拆，寻求空位射门。

（2）步骤：进攻队员 2 号发球，近端 4 号队员下底线，同时 3 号中锋队员提出到外线给 5 号远端队员挡拆寻求外围空位射门的机会。这时根据防守队员的位置会出现 2 个传球点，4 号队员下底线防守队员如果不跟防就会出现底线传球线路，对角远端队员 5 号因快速到中路接应近端队员 4 号持球时的倒三角传球。通过 3 号中锋队员提出外线的挡拆，外围可以出现空位的传球线路，从而形成射门（图 3-40）。

（3）变化：如果进攻队员经过 1 次移动，对方防守位置及跟防都较好，没有出现机会，则可进行 2 次移动，3 号中锋队员提出挡拆后突然转身前插，进行远门柱包抄。

（4）练习要点：

1）确保 5 号队员外围空位一脚射门的质量。

2）确保 3 号中锋队员挡拆的线路及身位。

3）注重对 2 号发球队员的观察，一旦挡拆没有形成，3 号中锋队员要进行远端门柱的快速包抄。

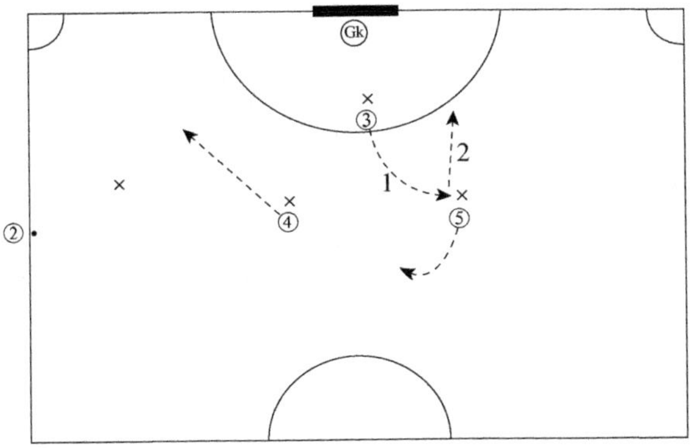

图 3-40　边球近端下底线战术

（四）球门球战术

1. 守门员快速发球进攻战术

守门员直接将球掷向两个边路快速前插的队员或对方禁区附近中锋队员，从而达到快速进攻的目的（图 3-41、图 3-42）。

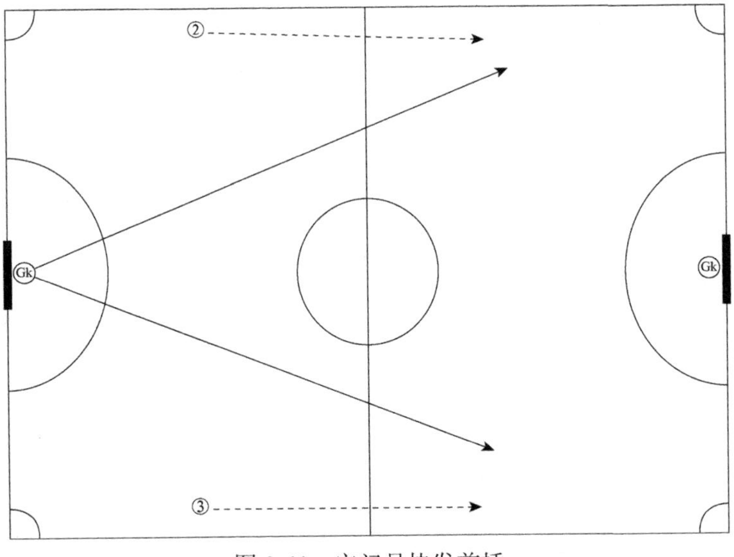

图 3-41　守门员快发前插

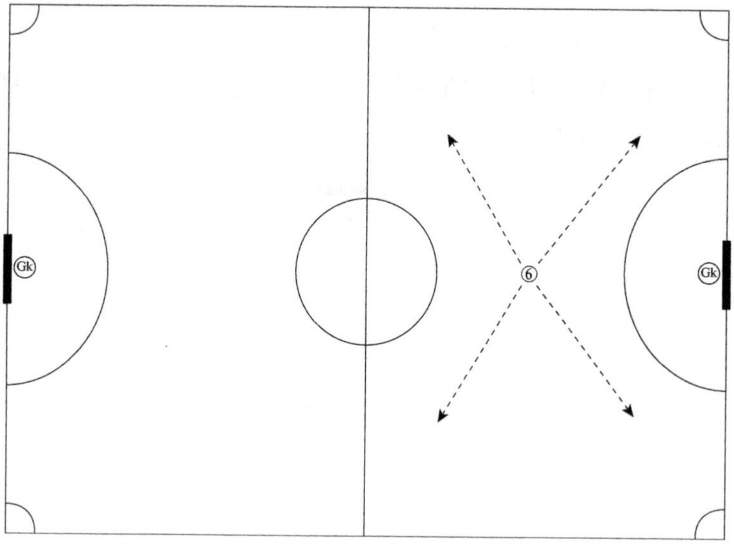

图 3-42　守门员快发中锋接应

2. 守门员传球后场队员进攻战术

如遇紧逼防守，守门员通过交流组织同伴破紧逼移动，守门员可直接发球至防守队员身后的空当，也可交由后场队员组织破紧逼战术。

（1）3-1 站位破紧逼。守门员发球至 2 号队员，中间 3 号队员横向拉开，另一边 4 号队员移动至中间接应，5 号中锋队员同边接应（图 3-43）。

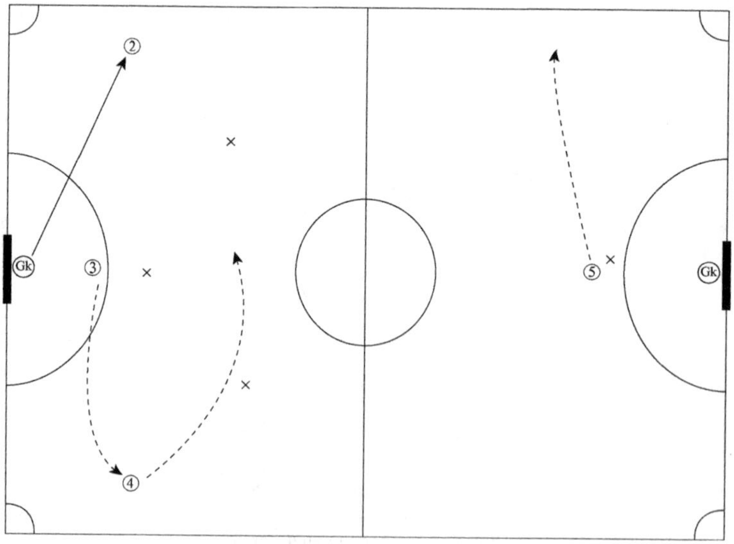

图 3-43　3-1 站位破紧逼

（2）2-1-1 站位破紧逼。守门员发球至 2 号队员，3 号队员从边路防守队员身前绕回到中路接应，4 号队员摆脱前插防守队员身后的空当，5 号中锋队员在同边接应（图 3-44）。

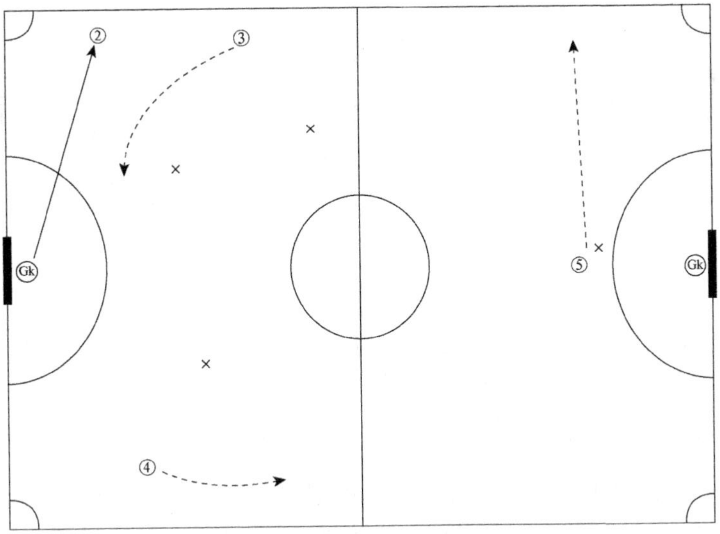

图 3-44　2-1-1 站位破紧逼

（3）2-2 站位破紧逼。3 号队员和 5 号队员同时移动对前面 2 名防守队员进行挡拆，守门员发球至 2 号队员，2 号队员边路向前带球，5 号队员到中间接应，4 号队员快速前插防守队员身后，3 号队员回中路做好平衡保护（图 3-45）。

3. 后场组织破紧逼

如对手半场防守，守门员可传球给后场队员，由后场队员组织半场进攻。

（五）中线球战术

1. 组织推进

组织推进是利用开球进行控制球、倒脚，从而寻找进攻机会。

2. 突袭

突袭是利用比赛刚开始或对手刚进球得分时思想不集中、站位不好、出现明显空当，采用直接射门或长传突袭。即使这种战术没能成功，也会给对方造成心理上的压力。

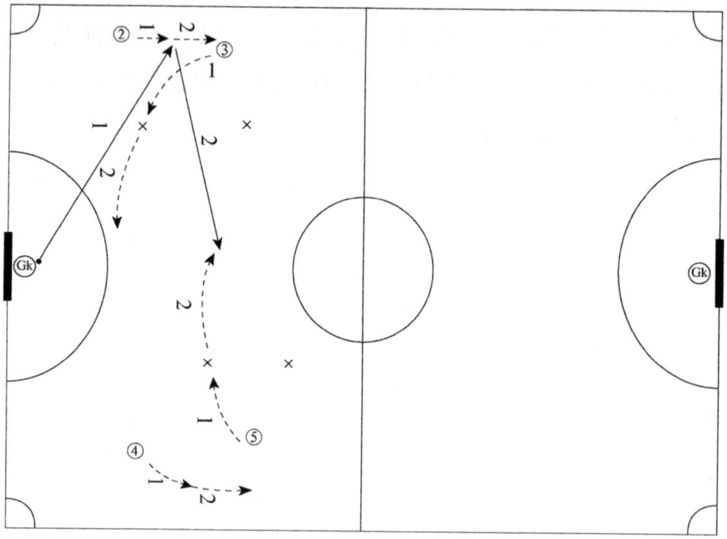

图 3-45　2-2 站位破紧逼

（1）4-0 站位开球挡拆射门战术。3 号队员发球给 2 号队员后对最前面防守队员进行侧面掩护，5 号队员快速边路前插，把边路防守队员向下带，2 号队员向前带球完成射门，4 号队员回中路做好平衡保护（图 3-46）。

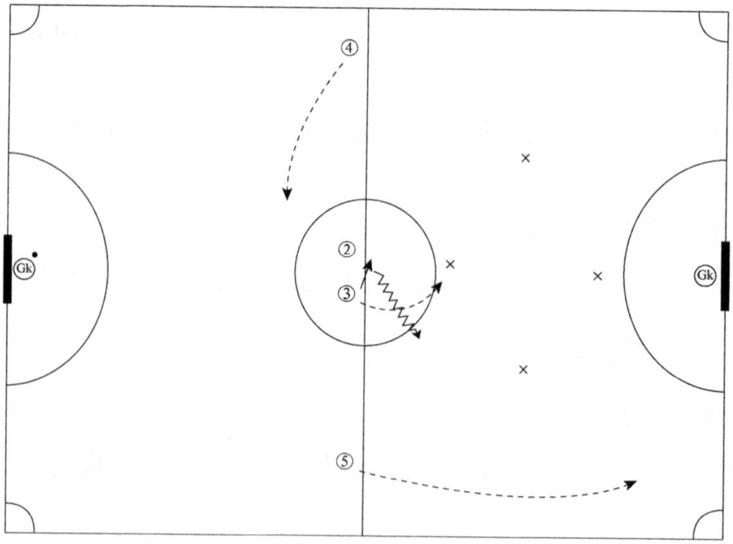

图 3-46　开球挡差射门战术

（2）1-3 站位开球前插两底角战术。5 号队员传球 4 号队员后快速前插至右边底角，3 号队员边路快速前插至左边底角，4 号队员回传球给 2 号队员，2 号队员观察后可一脚球长传给两个底角进攻队员（图 3-47）。

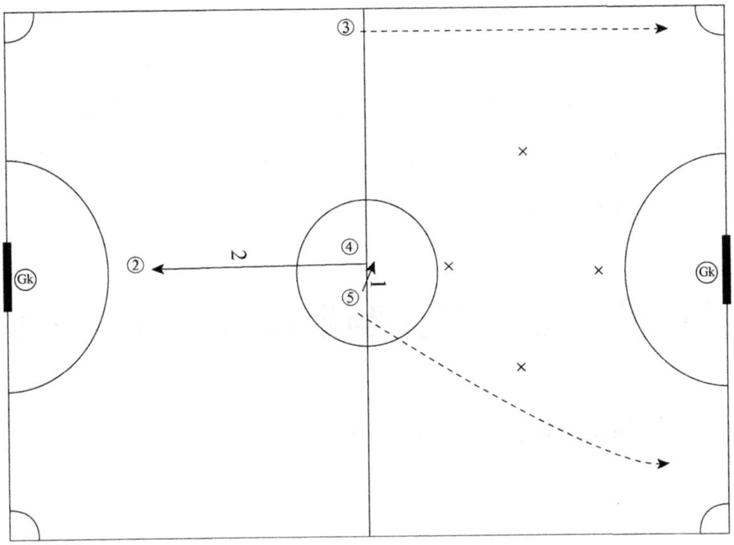

图 3-47　开球前插两底角战术

（六）罚大点球和小点球

培养 3 名左右专门在比赛中罚球的队员，这些队员必须是全队射门技术最好的，他们在练习结束后与守门员进行加练，对几个守门员盲区进行定点射门练习。罚点球还需注意以下几点：

（1）以准确性为主，加以最大力量，射球门的底角和上角最优，但要留有余地。

（2）心理要稳定，有必进的信心。

（3）先看守门员位置，决定射门方向，不能轻易改变决定。

三、定位球进攻战术练习方法

（1）根据上述战术，设计定位球队员移动在无防守状态下的练习。

（2）根据上述战术，设计定位球队员移动在消极防守状态下的练习。

（3）根据上述战术，设计定位球队员移动，要求不断改变防守体系来检验队员观察、时机把握、应变等能力。

（4）指定设计好的定位球进攻方式，让队员到对抗比赛中完成，进球得2分。

上文介绍了一些定位球的战术，但定位球的进攻战术又可以说是千变万化的。重要的是教练员要了解队员特点，如远射能力较强的队员、速度较快的队员等，还要根据对手的防守情况，如人盯人防守、区域防守等来设计定位球，从而达到最佳效果。

第四节　室内五人制足球整体进攻战术

一、整体进攻战术 3-1 阵型

（一）优点

（1）进攻组织时后场有 3 名队员，可对有球队员进行接应，更好地控球，有利于掌控比赛的节奏。

（2）失去控球权后有平衡保护，对手反击机会较少。

（3）进攻思路明确，中锋的背身接应能够起到桥头堡的作用，可以给前插队友传球或自己转身射门。

（二）缺点

（1）需要有合适的中锋队员能够背身拿住球。

（2）如果进攻队员耐心不够，强打中锋会导致更多的传球失误而失去控球权，给对手反击的机会。

（3）中锋接球后其他队员不能更快地前插支援，导致中锋被夹抢而失去球权。

（三）目的

通过后面 3 人的不断传球和移动，寻找向前传球到中锋脚下的时机。中锋则根据后面队友的传球和移动，寻找防守队员身前的接应位置，中锋就像桥头堡，一旦背身拿住球，其他队友需快速前插提供支援，寻求中锋回传球的射门或中锋接球转身射门的门前包抄机会。

（四）基本移动

（1）3-1 边路传中锋斜线跑。2 号队员传球给边路 3 号队员，4 号中锋队员同边接应，3 号队员传球给 4 号中锋队员后斜向前插让出边路空间，2 号队员绕到边路，5 号队员回中路进行平衡保护。这时 4 号中锋队员背身接球可选择回传给 2 号队员射门、斜传给 3 号前插队员或自己转身射门（图 3-48）。

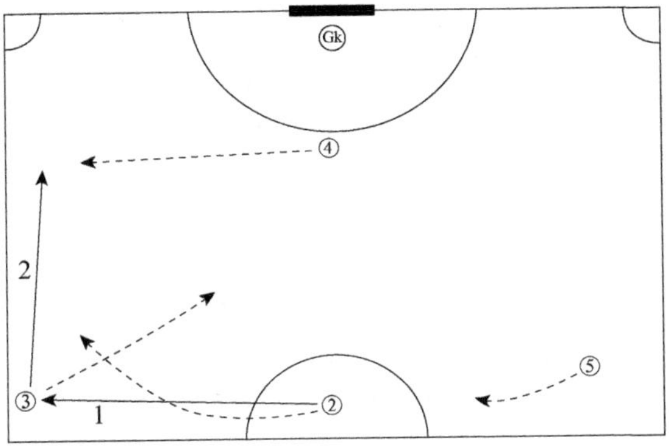

图 3-48　边路传中锋斜线跑

（2）3-1 掩护内切带球传中锋前插。2 号队员传球给 3 号队员后为其掩护，3 号队员中路带球后传球至 4 号中锋队员脚下并快速前插，5 号队员边路前插，2 号队员回中路进行平衡保护（图 3-49）。

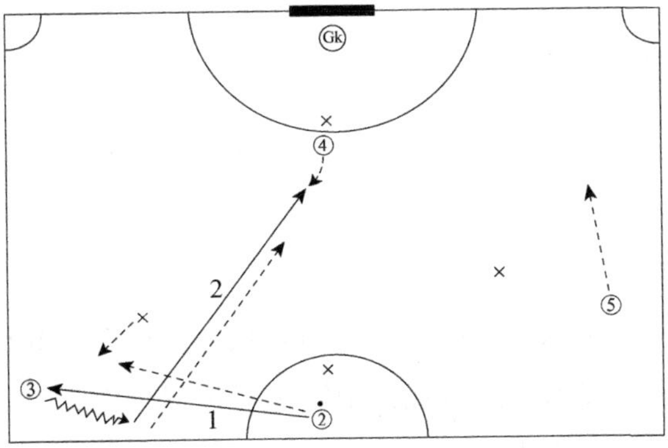

图 3-49　掩护内切带球传中锋前插

（3）3-1 挡拆轮转。2 号队员传球给 3 号队员后帮其掩护，并从边路绕回，3 号队员中路带球传球给 4 号队员后为其掩护并从边路绕回，反复进行，5 号中锋队员寻找身前接应时机（图 3-50）。

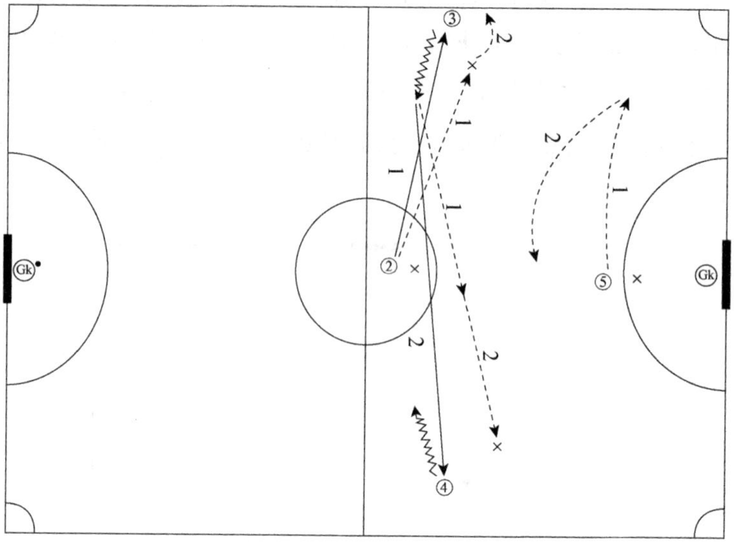

图 3-50 挡拆轮转

（4）3-1 中路变速、变向跑轮转。2 号队员传球给 3 号队员做中路变速、变向跑移动后从边路绕回，5 号中锋队员从另一边路绕回，3 号队员接球中路带球并传球给 4 号队员后同样做中路变速、变向跑移动后从边路绕回，反复进行，寻找中路变速、变向跑移动中防守队员跟防较慢时出现的空当（图 3-51）。

（五）练习方法示例

（1）半场 3 防 4 练习。中锋在无防守状态下接应，其他队员在有防守状态下移动中传接球，观察中锋位置寻找传球至中锋脚下完成插上射门的机会（图 3-52）。

（2）半场 1 防 4 练习。中锋在有防守状态下接应，其他队员在无防守状态下进行传接球移动，向前观察中锋选择传球至中锋脚下的时机，中锋背身护好球并选择回传球或背身单打（图 3-53）。

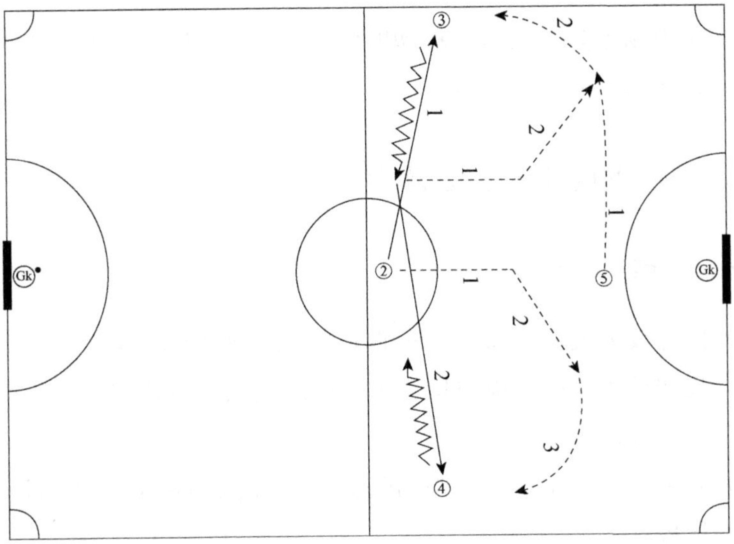

图 3-51　中路变速、变向跑轮转

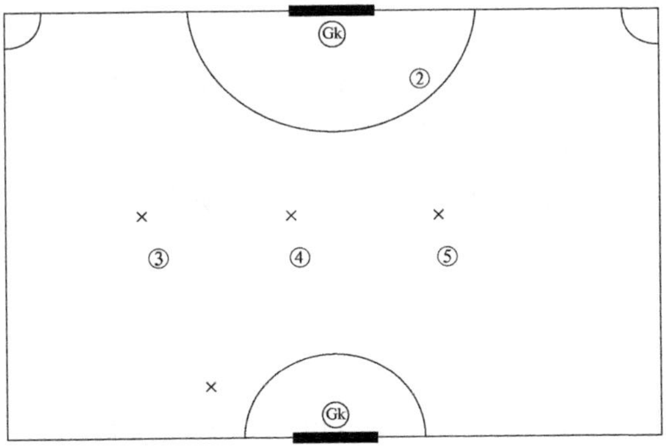

图 3-52　半场 3 防 4 练习

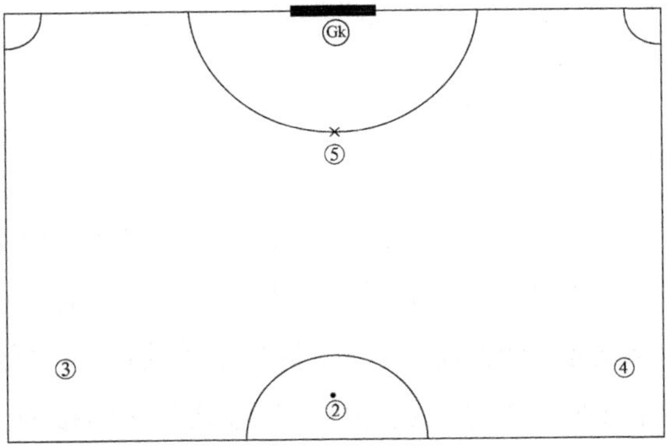

图 3-53　半场 1 防 4 练习

（3）从半场无防守状态下移动射门，到半场弱防守状态下移动射门，逐步到比赛状态下的半场攻防。

二、整体进攻战术 2-2 阵型

（一）优点

（1）位置较为灵活，通过不断的前插和绕回撕开防线。

（2）攻守较为平衡，能更快、更有效地提供接应特别是对角接应，形成局部三角形连接。

（3）如果有 1 对 1 能力较强的队员，可通过边路的突破瞬间获得进攻人数上的优势。

（二）缺点

（1）一旦位置站死接应不够，就会在局部形成被防守紧逼。

（2）1 对 1 成功率不高，给对手反击机会。

（3）如不能做好有效的前插绕回，很容易将防守队员身后空间堵死，不利于进攻移动的轮转。

（三）目的

通过不断地传球和前插，持球队员寻找前插过程中防守队员跟防失误出现的身后空当。也可更多地寻求对角接应，形成局部三角形增加接应点。经过多次移动拉开防守空当后在边路形成 1 对 1 突破，并完成射门或以多打少的进攻。

（四）基本移动

（1）2-2 变速、变向跑绕回。3 号队员中路带球并传球给 4 号队员后做中路变速、变向跑，2 号队员从边路绕回接应，4 号队员中路带球并传球给 2 号队员后做中路变速、变向跑，5 号队员从边路绕回，反复进行（图 3-54）。

（2）2-2 对角接应。2 号队员持球，3 号队员边路接应，4 号队员对角接应，5 号队员身后前插接应（图 3-55）。

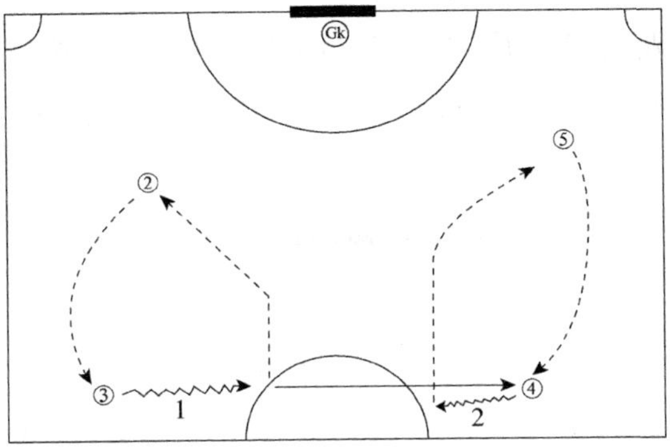

图 3-54　2-2 变速、变向跑绕回

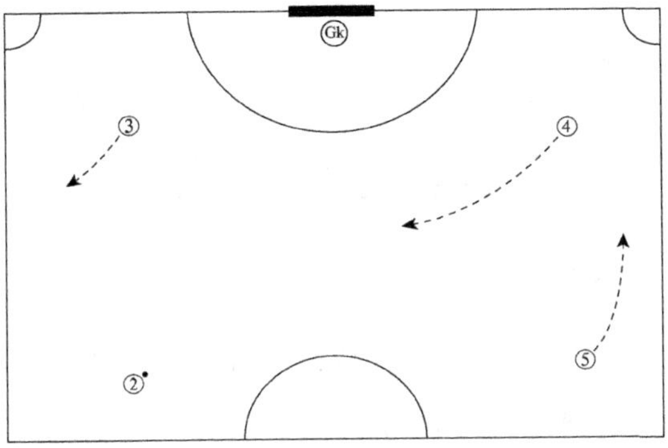

图 3-55　2-2 对角接应

（3）2-2 边路外线挡拆。2 号队员持球，4 号队员纵向外线掩护后内切，2 号队员沿边路带球内切横传给 4 号队员，5 号队员远门柱包抄，3 号队员回中路进行平衡保护（图 3-56）。

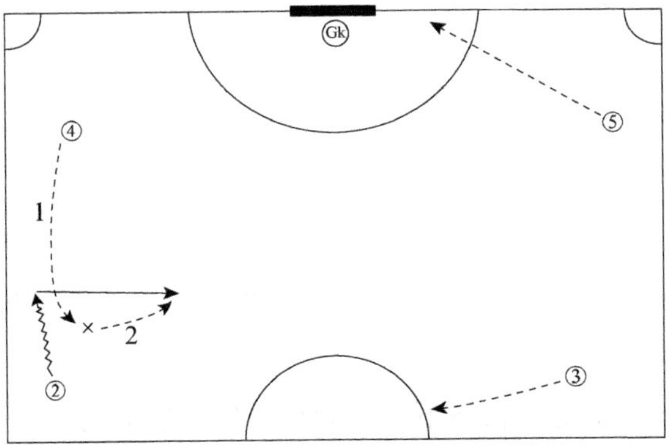

图 3-56　2-2 边路外线挡拆

（4）2-2 边路内线挡拆。2 号队员持球，4 号队员纵向内线掩护，2 号队员向内线带球，5 号队员对角接应，3 号队员边路前插防守队员身后（图 3-57）。

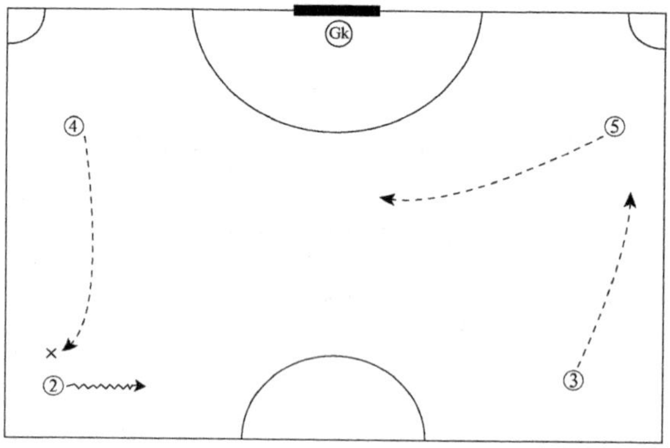

图 3-57　2-2 边路内线挡拆

（五）练习方法示例

（1）用标志盘设定 4 名防守队员的位置，练习 2-2 传接球移动。此练习可作为基础的传接球练习（图 3-58）。

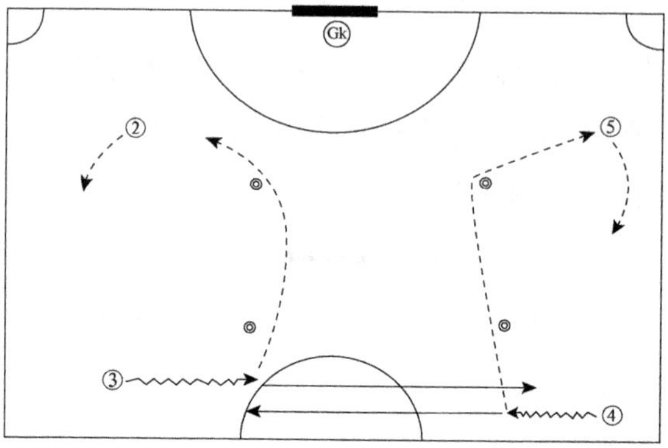

图 3-58　2-2 传接球移动练习

（2）边路的 1 对 1 攻防练习。此练习可增强队员突破能力及内外线突破后的射门能力。

（3）可从半场无防守状态下移动射门，到半场弱防守状态下移动射门，逐步到比赛状态下的半场攻防。

三、整体进攻战术 4-0 阵型

（一）优点

（1）如果对手使用人盯人防守，此阵型可以使防守队员身后出现更多空当。

（2）持球队员比较容易得到 2 个或者更多的接应点，有利于提高本方的控球率。

（3）4-0 阵型更有利于提升队员的技、战术意识。

（二）缺点

（1）如果对手进行区域防守，进攻方必须快速阅读比赛，移动至防守队员无法控制的区域。如果进攻队员不能很好地阅读比赛并有效地移动，容易造成阵型不平衡，使持球队员失去接应和支援。

（2）此阵型需要所有队员都具有很强的技术能力和团队协作精神。

（3）因为阵型中队员站位较平，一旦不能提供有效的接应，持球人很容易被防守队员形成紧逼抢断，从而给对手反击机会。

（三）目的

把防守队员吸引出来，使其身后缺乏协防保护。通过不断的前插变速、变向跑和摆脱跑 2 过 1 及边直线等移动寻找防守队员身后空当。此阵型要特别注意接球后不在原地控球、向前的观察、无球向前移动时观察球的移动，以及移动速度和方向的变化。

（四）基本移动

（1）4-0 初始移动。3 号队员传球给 4 号队员并帮其掩护，同时 2 号队员做中路变速、变向跑移动（图 3-59）。

（2）4-0 中间挡拆交叉。3 号队员传球给 5 号队员后为 2 号队员掩护，然后从另一边路绕回，2 号队员靠近 5 号队员进行 2 过 1 连接边直线，4 号队员回中路（图 3-60）。

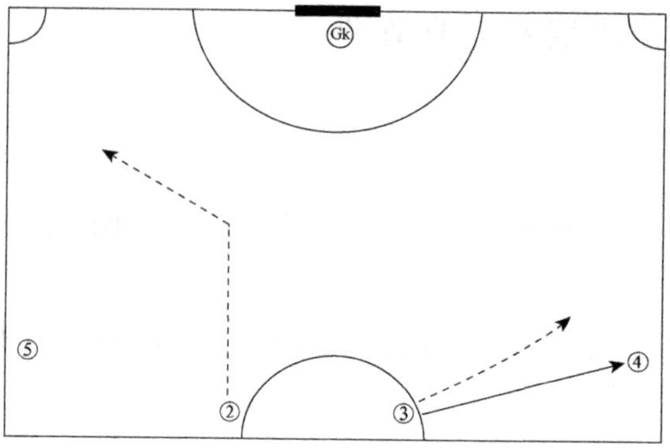

图 3-59　4-0 初始移动

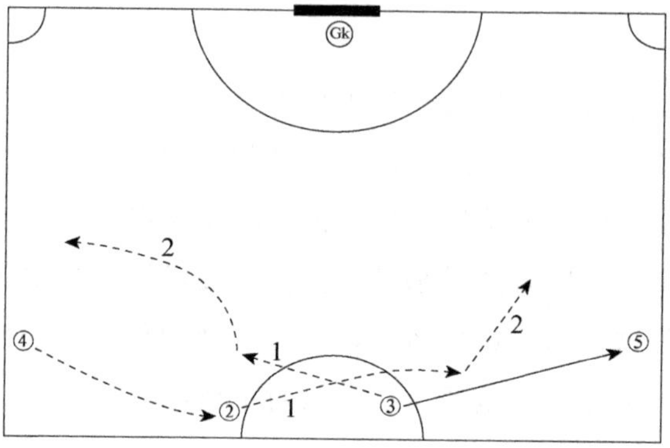

图 3-60　4-0 中间挡拆交叉

（3）4-0 中路变速、变向跑绕回。3 号队员传球给 4 号队员后由中路变速、变向跑绕回，2 号队员同时向相反方向变速、变向跑绕回，4 号队员中路带球，5 号队员绕回中路接应，反复进行（图 3-61）。

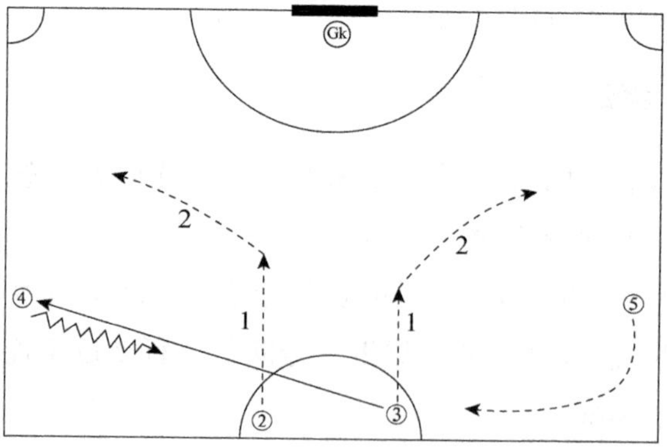

图 3-61　4-0 中路变速、变向跑绕回

（五）练习方法示例

（1）4 人移动练习。要求其中 1 人不能接球，该队员要持续做无球移动为同伴创造传接球线路并寻找空当。可增加难度，如限制 2 次触球。从半场无防守状态下移动射门，到半场弱防守状态下移动射门，逐步到比赛状态下的半场攻防（图 3-62）。

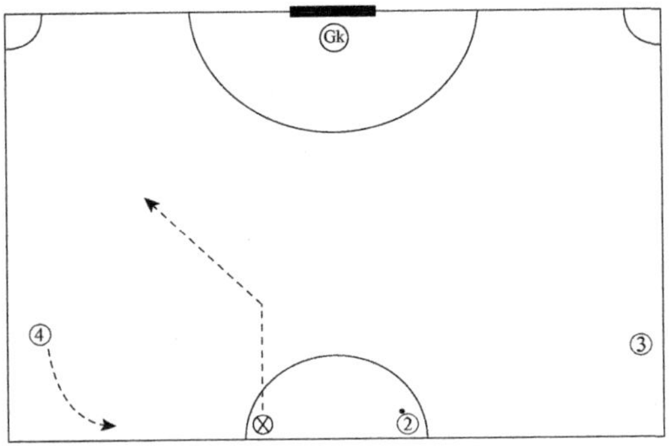

图 3-62　4 人移动练习

（2）区域防守时移动练习。本练习最重要的就是无球移动要根据防守位置进行变化，更多地选择向对方防守队员之间移动或向对手无法控制的区域移动，让防守队员顾此失彼。进攻队员在防守空当区域接球后，需在夹抢形成之前将球快速转移出来。

第四章

室内五人制足球
防守战术

第一节　室内五人制足球个人防守战术

一、防守有球进攻队员

对有球进攻队员防守的主要任务是靠近并给对手压力，不让其有轻松传球和运球突破的空间，在有球进攻队员控球不佳、原地持球无移动或侧身、背身持球时，防守队员应积极抢断球，从而达到夺回球权的目的。

（一）防守有球队员的状态

（1）防守位置。当球还在运行时就靠近即将持球的进攻队员，在其接球的瞬间近身给对手压力，根据持球进攻队员对球的控制状态进行拦截、干扰或抢断的防守。

（2）防守步法。防守持球进攻队员需要以灵活的脚步移动为基础，从而达到限制对手的目的。移动步法分两种：

1）平行步法（图 4-1）。这种步法的优点是防守面积大，便于左右移动，对传球线路的控制和射门的封堵较有利。

2）侧身步法（图 4-2）。这种步法的优点是便于前后移动，对突破的跟防较有利。

图 4-1　平行步法

图 4-2　侧身步法

（二）防守有球进攻队员的基本要求

（1）寻求好的靠近时机，给有球进攻队员足够的压力，迫使其犯错。

（2）观察、判断对手的进攻意图并做出合理的防守反应，不要轻易被对手的假动作所迷惑。

（3）及时发现对手的进攻技术特点，如左脚强还是右脚强、速度快还是慢、身体强壮与否、有无传威胁球的能力等，从而采取有针对性和攻击性的防守策略。

（4）当有球进攻队员能够很好地控球时，不要轻易扑抢，扑抢会导致被突破，从而形成不利的防守局面。

（5）当有球进攻队员准备射门且跟防队员位置较好时，防守队员应单脚跪地封挡（图 4-3），防守位置不佳时则选择倒地滑铲的封挡。

图 4-3　单脚跪地封挡

（三）抢断

（1）抢断时机。当有球进攻队员控球脱离控制范围、防守压力足够导致有球进攻队员侧身、背身护球时是抢断的最佳时机。

（2）抢断动作。膝关节弯曲，降低重心，快速捅抢、踩抢球（图 4-4），以及对手侧身、背身时伸进对手两腿之间进行勾抢（图 4-5）。

图 4-4　踩抢

图 4-5　勾抢

二、防守无球进攻队员

（一）主要任务

防守无球进攻队员的主要任务是在切断持球进攻队员较有威胁传球线路的同时，尽可能不让自己盯防的无球队员在有效攻击区接球，保持看球看人，判断对手的意图和位置，保持最佳的防守距离，从而达到控制对手的目的。

（二）基本要求

（1）根据球的位置，遵循内紧外松、近紧远松的防守原则，保持看球看人、人球兼顾的防守原则。

（2）注重防守时的侵略性姿态，精神高度集中，保持高昂斗志。

（3）进攻队员向前移动时，提前下位置保持距离，将进攻队员放在视线以内。如进攻队员继续向前移动，则看球看人，阻断接球线路。

（4）做好对自己所需防守的进攻队员的控制后，根据场上球在哪里，进攻威胁在哪里，进行协防、补防、夹抢及换防（详见后文中的防守体系，选择人盯人防守或区域防守）。

三、防守中锋

室内五人制足球比赛中，对中锋防守的好坏在很大程度上将决定比赛的胜负，中锋过多地接球会导致球与门的距离较近，容易形成威胁，造成混乱，迫使整体防守回收。这时不仅消耗防守队员的体能，还会使外围和远端出现较大的进攻空间。

（一）防守无球状态下的中锋

（1）中锋在10米线以外，防守队员与中锋保持2米左右的距离进行身后跟防（图4-6）。

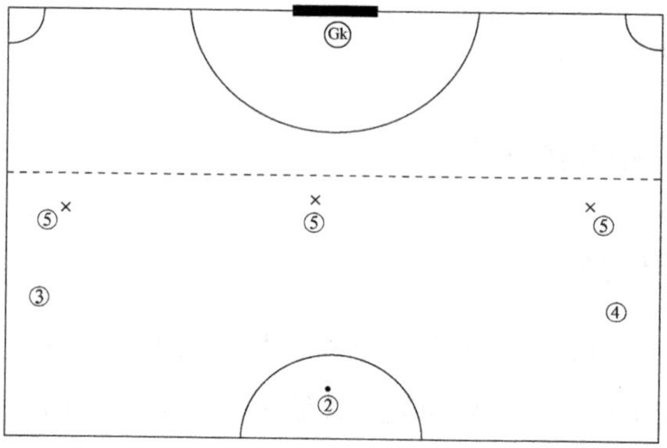

图4-6　中锋10米线以外的防守

（2）中锋在10米线以内，防守队员根据球的位置侧身占据身前内线，看球看人，保持一臂距离，用手感觉中锋的位置，切断中锋接球线路（图4-7）。

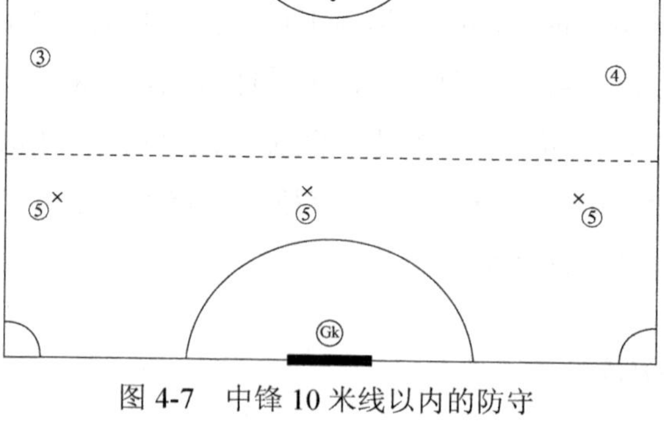

图4-7　中锋10米线以内的防守

（二）防守有球状态下的中锋

（1）比赛中，防守队员与中锋（进攻队员）的位置不断交替，当中锋位置较好并有传球线路时，防守队员应判断球的线路，主动进行绕身前的抢断，并快速推进和反击。

（2）抢断是有较大风险的，机会不好时，防守队员降低重心用手撑住背身接球的中锋，随球移动封堵中锋两侧转身射门的线路，寻找机会，一旦中锋没能很好地控制球，则快速把球破坏掉。

四、防守练习

（一）练习建议

（1）在防守练习中，队员首先要树立积极主动的防守态度。防守队员要明白“好的进攻可以赢得一场比赛，好的防守可以赢得冠军”的理念。培养队员每球必争、每球必抢、顽强拼搏的防守作风。

（2）练习要先从个人防守技术开始，到局部防守战术，再过渡到整体防守战术。先从无进攻状态下的防守姿态和移动练习开始，向局部攻防对等到局部以少防多过渡，逐步提升防守难度，最好结合防守战术要求进行练习。

（3）特别要重视并加强防无球进攻队员到防有球进攻队员、防有球进攻队员到防无球进攻队员的转换，防强侧到防弱侧、防弱侧到防强侧的转换，以及进攻到防守、防守到进攻的转换。

（4）在对抗练习中，要求全队防守更主动、更具攻击性，防守队员要保持高度的专注度及第二反应，其判断、位置及线路的控制是一名优秀防守队员所需具备的素质。

（二）练习方法示例

（1）防守脚步移动练习。10 个标志盘相隔 1.5 米直线依次摆开，防守队员做前移步、后退步、侧移步等防守移动步法。**练习要求：**降低重心，频率加快，抬头观察。

（2）无进攻方向的控球、抢球练习。2 人一组，一攻一守，持球人做原地运控球并结合护球及摆脱变向等动作，防守队员根据对手情况积极改变身位、步法，并伺机抢、断、捅球。**练习要求：**积极调整防守位置和距离，始终给对手足够的压力，积极抢、断、捅球。

（3）半场 1 对 1 攻防练习。将一边球门移至中线，攻防双方站在两侧球门边上，攻方传球给守方，守方回传并快速靠近攻方给予压力（图 4-8）。**练习要求：**靠近要快速，看准果断出脚，利用脚步跟防，射门必须要有封堵。

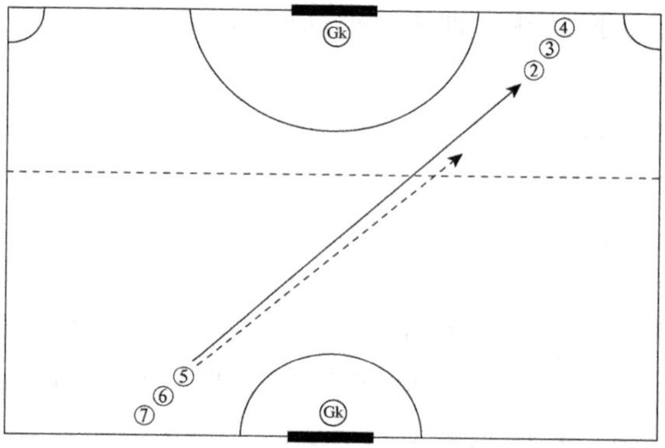

图 4-8　半场 1 对 1 攻防练习

（4）半场 1 对 1+2 防守练习。将一边球门移至中线，攻防双方站在两侧球门边上，在两端底线增加 2 个固定接应点供进攻传球，接应点最多 2 脚触球。可增加防守难度，在靠近给进攻队员压力的同时做好跟防（图 4-9）。**练习要求：**不断给进攻持球人压力，在对方传球后要回撤跟防，注意对进攻队员传球线路的控制以及射门的封堵。

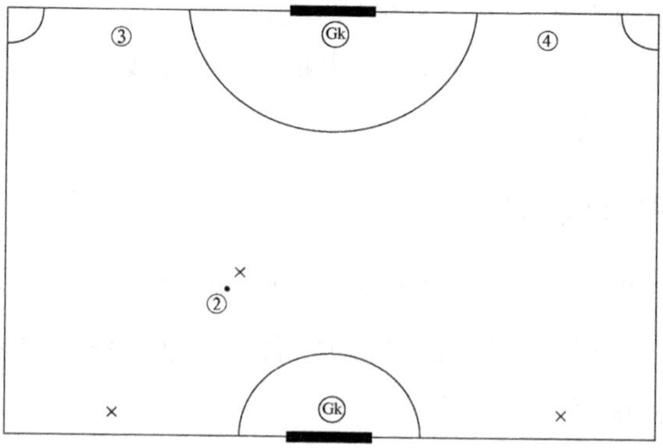

图 4-9　半场 1 对 1+2 防守练习

练习（3）和练习（4）都可根据情况，设定以射门结束、以出界结束或以时间结束。也可根据进程，逐步过渡到 2 对 2+2、3 对 3+2 的攻防练习。

第二节　室内五人制足球以少防多防守战术

一、以少防多防守战术基本原则

在由攻转守的瞬间会出现短时间以少防多的不利局面，这段时间最容易被对手射门得分。以少防多时需遵循以下基本原则：

（1）延缓进攻速度，迅速退回本方 10 米线附近，让失去位置的防守队友有时间回追；

（2）把球尽可能地往边路赶，迫使进攻方只能在边路完成射门；

（3）切断进攻方 1 条传球线路，形成局部人数对等的防守；

（4）当守门员出击形成 1 对 1 的情况时，防守队员立刻找最近的进攻队员进行人盯人盯防守。

（5）遵循区域防守原则，把防守重点放在对方的传球线路和防守区域上。

二、以少防多防守战术基本要求

（一）1 防 2 战术

1. 横向 1 防 2 战术

延缓对方的进攻速度，快速地退回本方 10 米线附近，控制住进攻方的横传线路，逐步靠近持球人给予压力，逼迫其向边路带球射门。如对方进攻横传球，守门员快速出击 1 对 1 单刀，防守队员则立刻死盯无球进攻队员（图 4-10）。

2. 纵向 1 防 2 战术

延缓进攻速度，快速地退回本方 10 米线附近，让持球进攻队员边路传球，守门员快速出击 1 对 1 单刀，防守队员要立刻死盯无球进攻队员（图 4-11）。

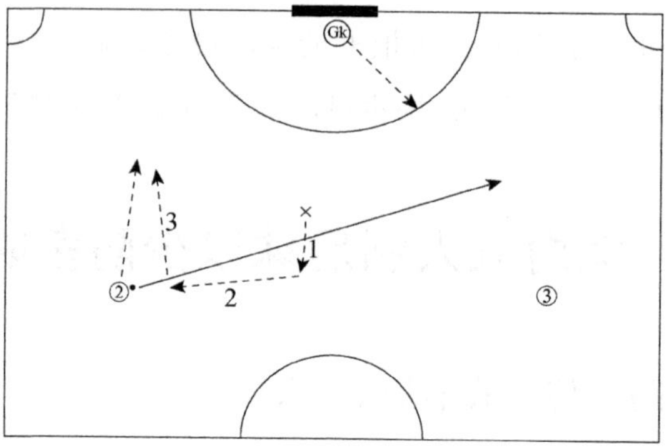

图 4-10 横向 1 防 2 战术

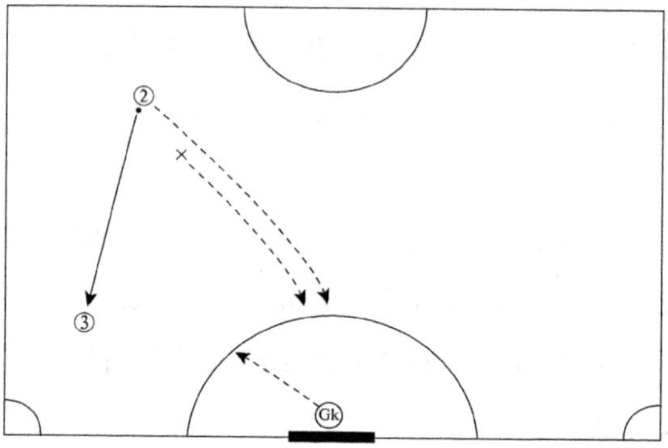

图 4-11 纵向 1 防 2 战术

室内五人制足球比赛中，进攻队员与守门员 1 对 1 单刀的进球率较低，如进攻队员与守门员形成单刀时，防守队员没能较好地盯人出现反向传球，则进球率较高。

（二）2 防 3 战术

延缓进攻速度，快速地退回本方 10 米线附近，切断 1 条持球人传球的线路，迫使进攻向边路发展，在局部形成对等防守并实施抢断。守门员协防完成后，远端进攻队员一旦形成空位传球，则守门员快速出击 1 对 1 单刀，其他防守队员立刻死盯无球进攻队员（图 4-12～图 4-14）。

（三）3 防 4 战术

此战术一般在 1 名队员体能透支或受伤，无法及时回防或严重犯规被红牌罚下时使用。

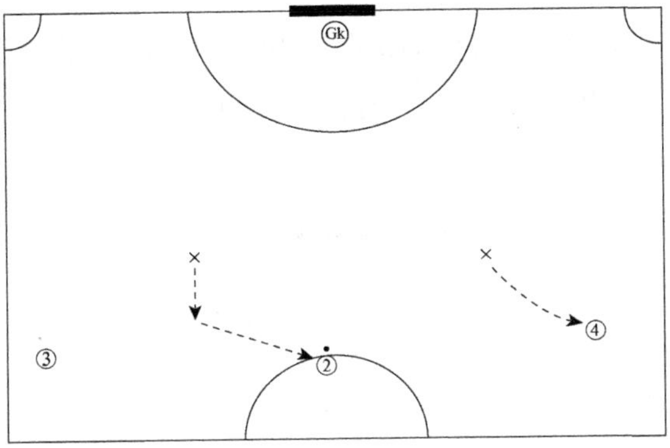

图 4-12　2 防 3 战术一

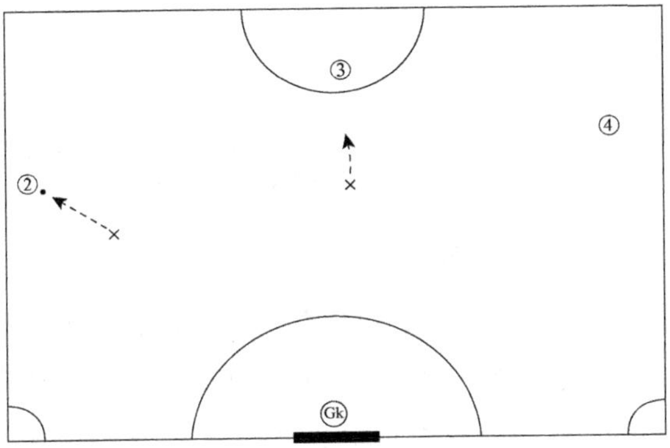

图 4-13　2 防 3 战术二

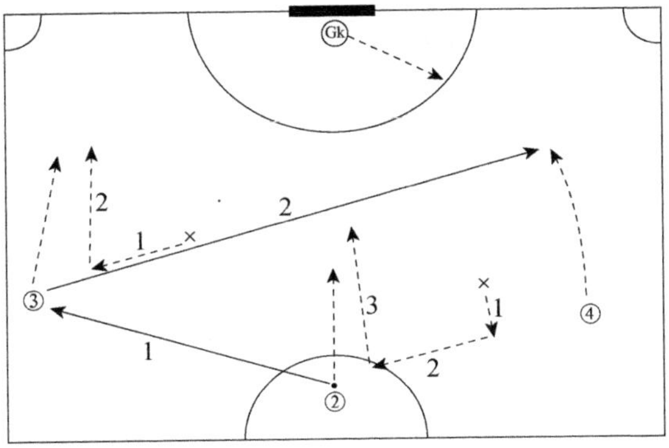

图 4-14　2 防 3 战术三

1. 1-2 站位 3 防 4 战术

前面 1 人兼顾 2 名进攻队员，根据球的运行线路两边移动，寻找机会切断横传球线路进行抢断（遵循 1 防 2 原则），后面 2 名防守队员在球门前方两侧防守区域随球的方向移动协防，观察前面防守队员的状况进行逼抢或移动协防。一旦出现较大的空位漏人，后面 2 名防守队员做轮转协防交换防守位置（图 4-15）。

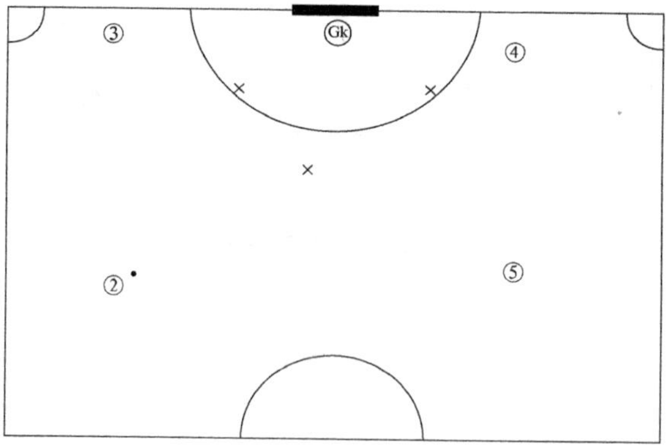

图 4-15　1-2 站位 3 防 4 战术

2. 2-1 站位 3 防 4 战术

前面 2 名防守队员做跷跷板式防守移动，靠近持球进攻队员，切断对角斜线传球线路。第 2 名防守队员同样要切断对角斜线传球线路，最后的防守队员根据球的位置同边移动协防，当球传到底线，切断内线对角传球线路，前面 2 名防守队员做轮转协防形成侧面 2-1 防守站位。如最后防守队员移动不到位，守门员则出击协防，防守队员要立刻死盯无球进攻队员（图 4-16）。

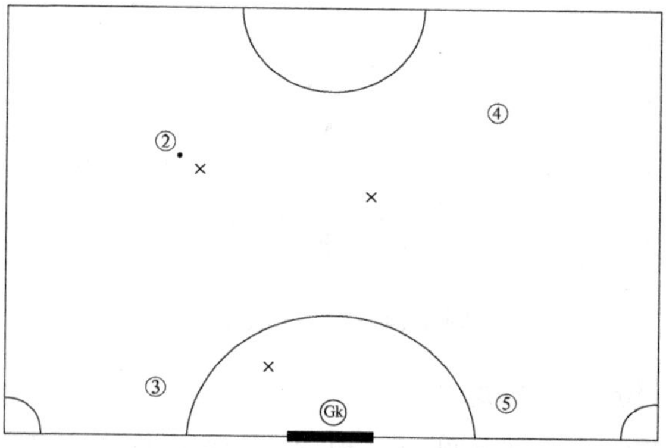

图 4-16　2-1 站位 3 防 4 战术

（四）4 防 5 战术

此战术一般出现在比赛所剩时间不多、对手比分落后急于扳回比分，或比分领先通过用队员换掉守门员，利用多 1 人的控球来消磨时间时，4 防 5 战术俗称 5-0 战术。

1. 1-2-1 站位 4 防 5 战术

根据对手进攻站位，如 1-2-2、1-2-1-1 等后场 3 名进攻队员，应采取 1-2-1 防守站位。切断任何一点持球进攻队员向内线的传球线路，防守队员整体做轮转移动协防，放弃对离球最远进攻队员的盯防。一旦进攻持球队员控球不好、传球质量不高时，防守队员局部统一逼抢，最远端进攻队员交由守门员协防（图 4-17、图 4-18）。

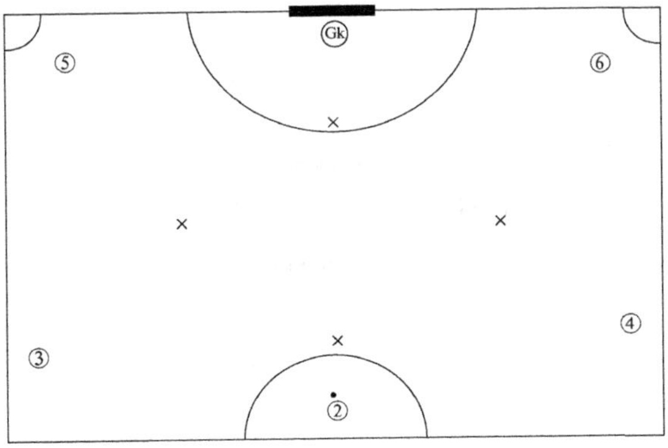

图 4-17　1-2-1 站位 4 防 5 战术一

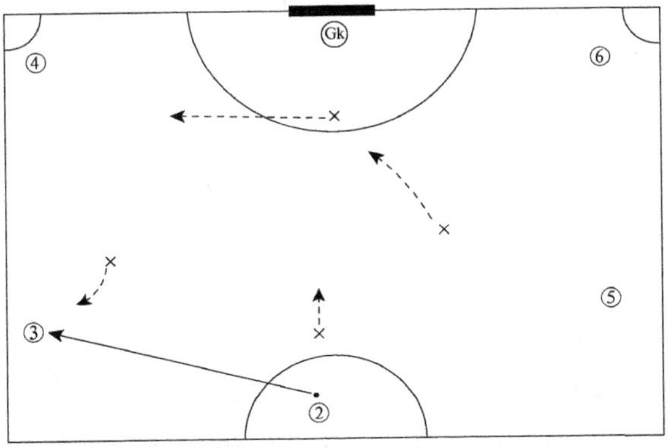

图 4-18　1-2-1 站位 4 防 5 战术二

2. 2-2站位4防5战术

根据对手进攻站位，如2-3、2-2-1等后场2名进攻队员，防守方应采取2-2防守站位，同样切断任何一点持球进攻队员向内线传球的线路，防守队员整体做轮转移动协防，放弃对离球最远进攻队员的盯防，一旦进攻持球队员控球不好、传球质量不高时，防守队员在局部统一逼抢，最远端进攻队员交由守门员协防（图4-19、图4-20）。

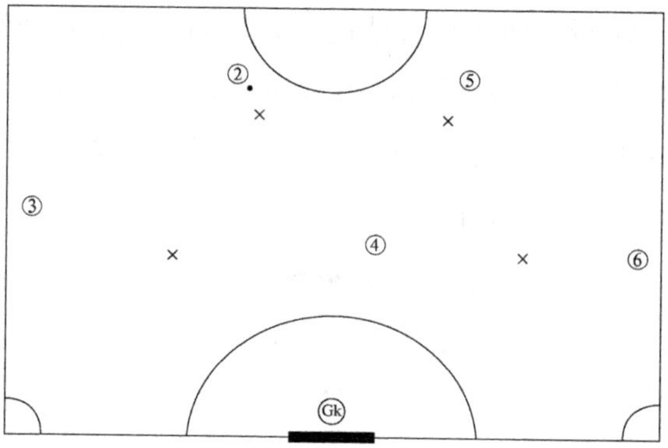

图4-19　2-2站位4防5战术一

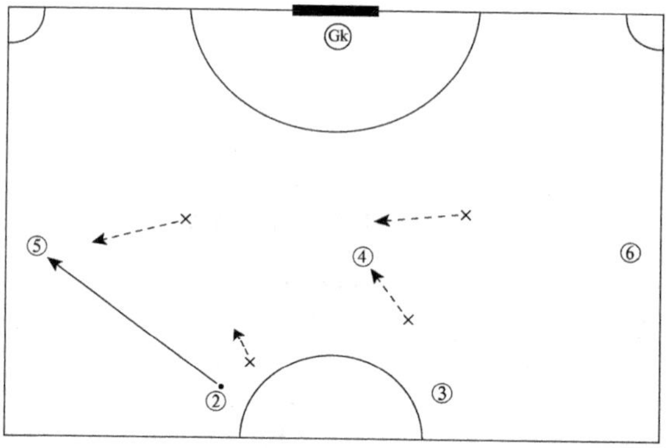

图4-20　2-2站位4防5战术二

作为防守方，如果对方有用5-0战术的意图，在由攻转守时就要人盯人紧逼对手，不让攻方有换下守门员的时间与空间，如对手很好地破掉紧逼或造成定位球，则要快速退回本方半场组织防守。两种防守体系都需要根据场上进攻体系的改变而快速地进行相应的改变。

室内五人制足球比赛中，进攻丢球来不及回防、被罚下1名队员或是对方用 5-0 战术，在这些以少防多局面下的失球率较高。如何更有效地控制在以少防多状态下的失球是我们一直探索的课题，有几点原则是需要我们遵循的：队员要有良好的体能保证，快速回追；有效地延缓进攻速度；尽可能切断一条传球线路，把球往边路赶；局部形成对等防守；控制好远门柱区域；守门员出击后，死盯无球进攻队员。

三、以少防多防守战术练习方法

室内五人制足球以少防多防守战术练习时需要注意以下两点：

（1）遵循以多打少的进攻练习，把练习重点放在防守上；

（2）提升练习难度，通过增加场外接应点，使防守处于以少防多的不利局面。

第三节　室内五人制足球定位球防守战术

一、定位球防守战术基本原则

室内五人制足球定位球防守战术基本原则有以下几点：

（1）快速回到防守区域并组织防守；

（2）明确防守要求，是区域控制还是人盯人跟防；

（3）以守门员的要求为第一防守选择；

（4）进攻方球没有发出时，防守队员不能提前判断移动位置；

（5）第一时间完成对射门的封挡，并快速反应对第二点球的解围；

（6）任何防守体系遇到进攻挡拆移动时，必须快速交换防守。

二、定位球防守战术基本要求

（一）任意球的防守战术

对罚球区附近的任意球防守应做好以下几点。

（1）干扰对手罚球，防止对手快速发球，以争取时间组织“人墙”。

（2）组织好“人墙”。

① 守门员根据罚球地点确定排墙人数，离球最近外侧 1 名排墙防守队员回撤到近门柱，防止对手底线射门（图 4-21）。

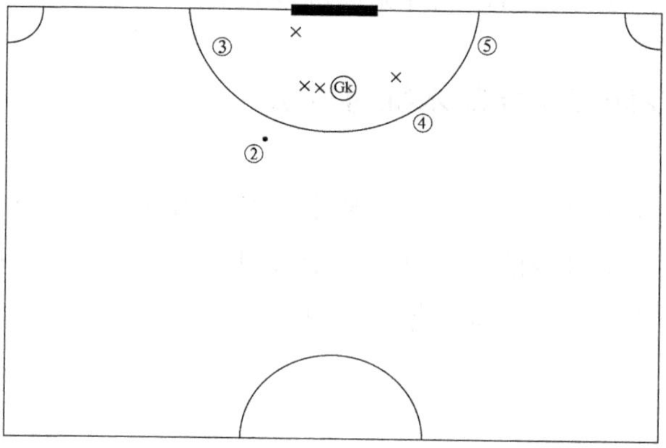

图 4-21 任意球防守站位

②“人墙”应封堵球门近角一侧，守门员主要防守球门远角一侧，守门员还应看清主罚队员和球。

③ 开始排“人墙”时不宜离球太远，一般在距罚球地点 4 米左右处，裁判员会让“人墙”退至距罚球点 5 米处，“人墙”太远会影响封堵的角度。

④ 由守门员指挥“人墙”的移动，守门员指挥要快，以防队员分散注意力。除“人墙”外，还要注意控制阴影区（图 4-22）。

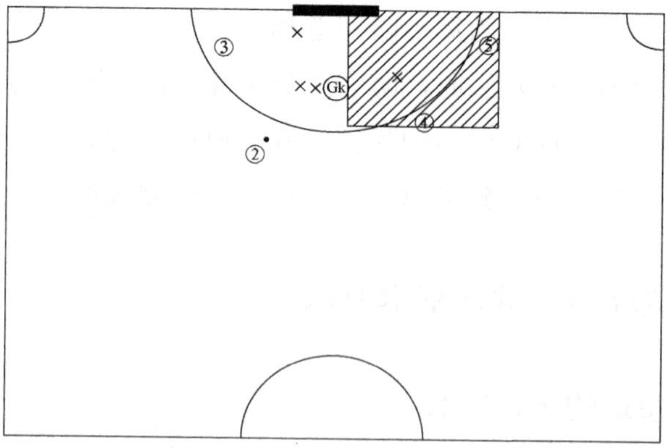

图 4-22 控制阴隐区域

（二）角球的防守战术

对方踢角球时，一般采取区域防守。防守队员分别控制最有效的传球或射门点（图 4-23）。当然在特定环境和时间里，也可采取突然的人盯人防守。

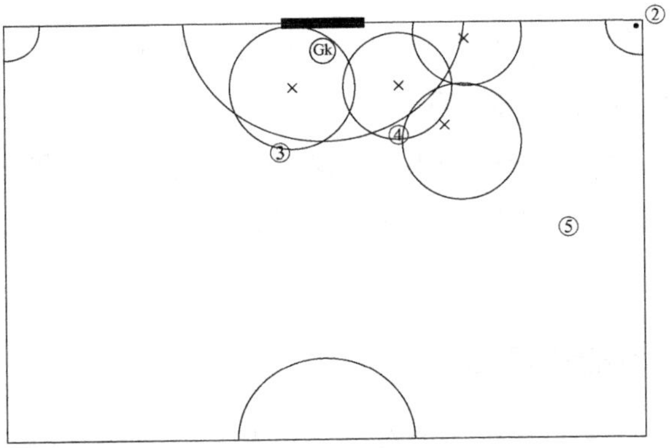

图 4-23　角球区域防守站位

角球防守具体要求：

（1）无论采用盯人防守或者区域防守，防守队员都应分工明确、人球兼顾，绝不能只看人不看球或只看球不看人；

（2）防守队员必须抢占有利的防守位置，始终要处于球、对手和门框之间，并保持良好的防守状态；

（3）防守队员应集中注意力，扩大视野，人球兼顾，相互保护，对切入、插入的进攻队员严加防范；

（4）当踢出的角球被挡出后，全体防守队员应迅速向前移动，明确每个人盯防的进攻队员，以限制对方再次进攻，抢到球便可发动反击。

（三）界外球的防守战术

对方踢界外球时，一般采取区域防守。防守队员分别控制最有效的传球或射门点，当然在特定环境和时间里，也可采取突然的人盯人防守。界外球防守的具体要求有以下几点：

（1）在有效射门区域内的界外球，首先应切断进攻队员一拨一射的射门线路，当球发出后快速上前封堵；

（2）无论采用的是盯人防守或者区域防守，防守队员都应分工明确、人球兼顾，绝不能只看人不看球或只看球不看人；

（3）防守队员必须抢占有利的防守位置，始终保持在球、对手和门框之间，并保持良好的防守状态以及脚步活动；

（4）防守队员应集中注意力，扩大视野，人球兼顾，相互保护，对切入、插入的进攻队员严加防范；

（5）当踢出的界外球被挡出或传球到另一方向时，全体防守队员应迅速向前移动，明确每个人盯防的进攻队员，以限制对方再次进攻，抢到球便可发动反击。

（四）球门球的防守战术

球门球防守战术的具体要求有以下几点：

（1）防守队员就地在前场进行紧逼防守，使守门员的球无法有效发出，造成 4 秒违例或发球质量不高而形成抢断反击；

（2）防守队员退回到本方半场压缩防守空间，组织防守阵型，待守门员发出球门球，进攻队员持球推进到中场附近，防守队员再进行近身逼抢。

（五）开中线球的防守战术

对开中线球的防守主要要求全队思想集中，选好位置，严防对方偷袭。当对方采用短传推进时，按防守原则行动，力争尽快地夺得控球权。

（六）守门员的大点球、小点球的防守战术

（1）守门员应有必胜的信心，心理要稳定，因为对方主罚队员更紧张，守门员守不住不会受到太多的指责。

（2）守门员可以采用故意放大一侧的方法，或者用假动作迷惑、干扰对手（图 4-24、图 4-25）。

（3）掌握对手惯用的脚法和射门方位等，有针对性地防守。

（4）不论小点球射向哪个方向，守门员总是通过判断向一边扑出，因为距离较近单纯靠反应扑救是来不及的。

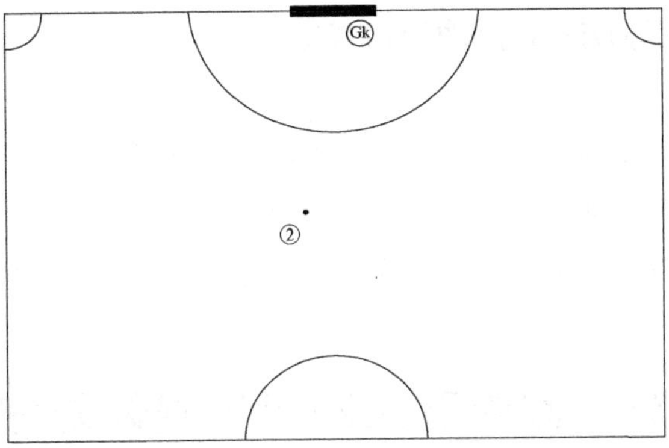

图 4-24　放大一侧防守大点球

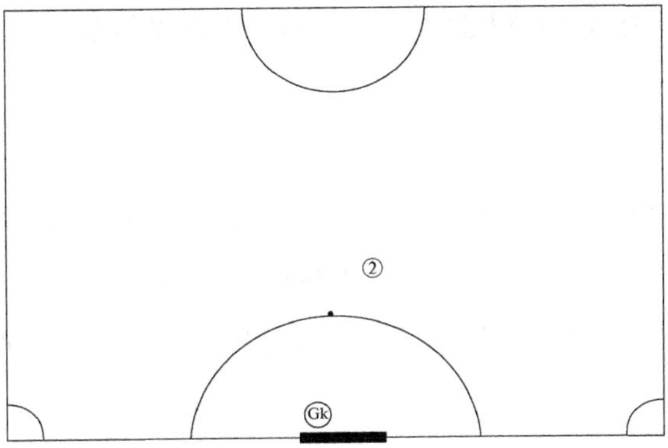

图 4-25　放大一侧防守小点球

（5）守门员可选择站到离球 5 米远处扑大点球，以更多地封堵射门线路，也可站在球门线通过反应进行扑救（图 4-26）。

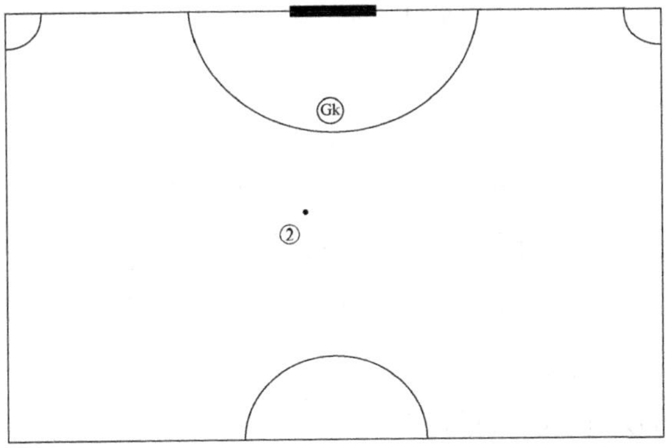

图 4-26　站到 5 米远处扑大点球

三、定位球防守战术练习方法

室内五人制足球定位球防守战术练习方法应遵循以下几点：

（1）遵循定位球的进攻练习，把练习重点放在防守上；

（2）模拟对手定位球发球方式，强化建立定位球防守体系。

第四节　室内五人制足球整体防守战术

一、整体防守战术的分类、影响因素及步骤

（一）分类

室内五人制足球防守战术体系主要分为四大类；人盯人防守、区域防守、混合防守以及特殊防守。防守体系没有好坏之分，需根据队员能力、对手进攻特点来制定防守体系，建议室内五人制足球初学者开始先使用人盯人防守体系。

（二）影响因素

室内五人制足球整体防守战术的影响因素有以下两点：

（1）组织防守的位置，如半场防守等；

（2）紧逼的类型，如对球的紧逼等。

（三）步骤

室内五人制足球整体防守战术的步骤有以下几个：

（1）由攻转守时快速的攻防角色转换；

（2）根据整体防守要求，快速选择需要到达的防守位置，并交流或示意需要控制的进攻队员；

（3）遵循各防守体系的防守要求；

（4）任何防守体系遇到进攻挡拆移动时，必须进行快速的交换防守。

二、整体防守战术的基本要求

（一）人盯人防守

1. 优点

（1）容易执行。

（2）在防守端分工及防守对象更明确。

（3）有效地减少空位漏人的情况。

（4）可以适应对手不同的进攻战术。

（5）可以在球场任何区域给予对手有效紧逼。

2. 缺点

（1）体能消耗较大，防守队员必须具备良好的体能条件。

（2）对 1 对 1 防守能力要求较高。

（3）协防较困难。

（4）有挡拆时会很危险。

（5）需要防守队员高度集中的注意力和相互之间的呼应。

3. 基本原则

（1）丢掉控球权后，迅速盯防靠近自己的队员。

（2）根据进攻队员的移动位置，防守队员要盯紧自己的目标对手。

（3）对持球进攻队员给予足够压力，对无球进攻队员保持看球看人，放其身前的防守位置，对中锋位置进攻队员尽可能站身前防守或绕身前抢断。

（4）切断中场直传、斜传向前的传球线路。

（5）球线以后（保护内侧、控制两点球），有换人需提前交流。

4. 全场人盯人紧逼防守战术的基本要求

（1）由攻转守时，防守队员迅速前场就地紧盯靠近自己的进攻队员，要盯人明确。从对方 10 米线开始，做好切断中场的防守及减少守门员或进攻队员直接将球快速发到本方半场的机会。

（2）在对方半场，快速靠近除守门员外的持球进攻队员，并给予其充分压力，不让其有舒服的接球、抬头观察及轻松的传控球空间。防守队员应减少无把握的扑抢，扑抢时机不好会导致轻易地被突破，形成无效紧逼并出现以少防多的不利局面。当给予足够压力导致持球人控球失误或形成背身侧身的局面时，防守队员应进行抢断球或破坏球。

（3）对于对手后场无球进攻队员，防守队员要做到近球紧、远球松，形成跷跷板式防守移动。当球传出后在运行过程中，防守方要快速靠近给予无球进攻队员压力，而不是进攻队员拿好球后再紧逼靠近，从而保证防守能持续达到紧逼的目的。防守队员还要注意有效地切断持球人直接向前传球的线路，做好看球看人的防守姿态，更好地了解球的线路和所要盯防人的移动，要与盯防人保持合适的距离，建议近端 2 米左右，远端 5 米左右，视对持球人紧逼程度而自行控制防守距离。当无球进攻队员向前移动时，注意先后撤，永远把进攻队员放在身前视线范围以内，避免漏人造成进攻空当。

（4）在通常进攻站位有中锋的情况下，如 3-1、2-1-1 进攻阵型等，在本方半场对于无球状态下中锋的防守最好选择身前防守，侧身站身前 1 米左右，看球并用手感受中锋位置，使持球人不敢轻易传球至中锋脚下。如没有很好的身前防守，可选择绕身前的抢断，当持球人传球给中锋的瞬间绕开中锋的阻挡在身前进行抢断，守门员扩大防守区域进行保护。当然，不论是站身前的防守还是绕身前的抢断都是有一定风险的，当位置选择不好、抢断时机不佳时不能贸然行动，因为最后一名防守队员一旦被突破就会形成对守门员的单刀球，全场紧逼防守就被有效地瓦解了。这时可选择让中锋背身接球继而贴住他，再找机会破坏中锋脚下球。前面紧逼队员需快速回到本方半场，跟住前插的进攻队员找机会形成对中锋的夹抢，从而组织半场防守，寻求再次全场人盯人紧逼的机会（图 4-27～图 4-30）。

5. 半场人盯人防守战术的基本要求

（1）由攻转守时，队员迅速退回本方半场，明确自己要盯防的人。从中线开始，做好切断中场与边距的联系的防守及减少持球进攻队员直接传球给中锋而造成的威胁。

（2）当进攻推进至中线附近，开始靠近持球人并给予其压力，其他防守战术要求与全场人盯人紧逼防守相同（图 4-31）。

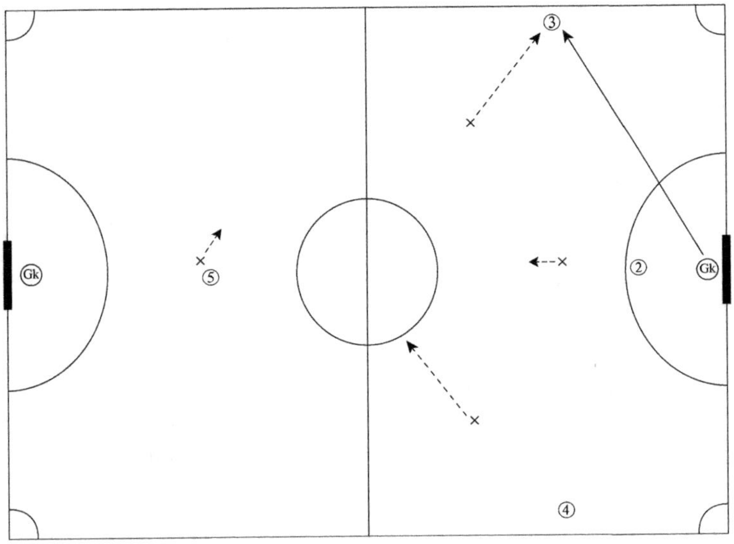

图 4-27　全场人盯人紧逼防守一

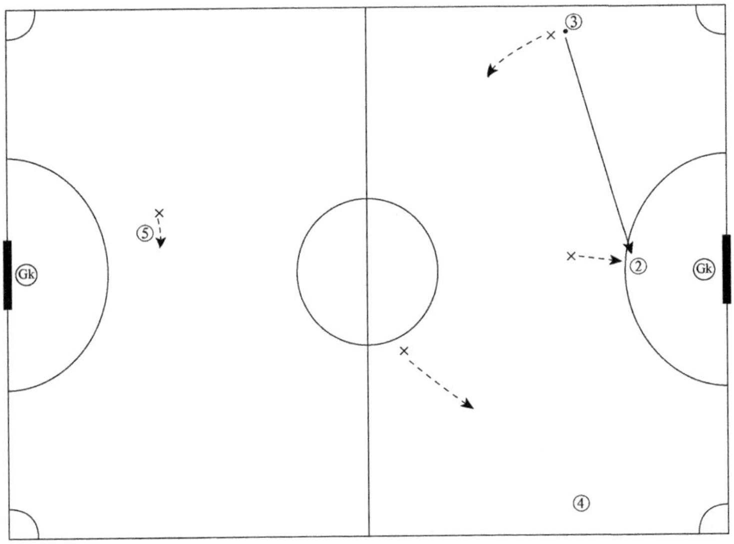

图 4-28　全场人盯人紧逼防守二

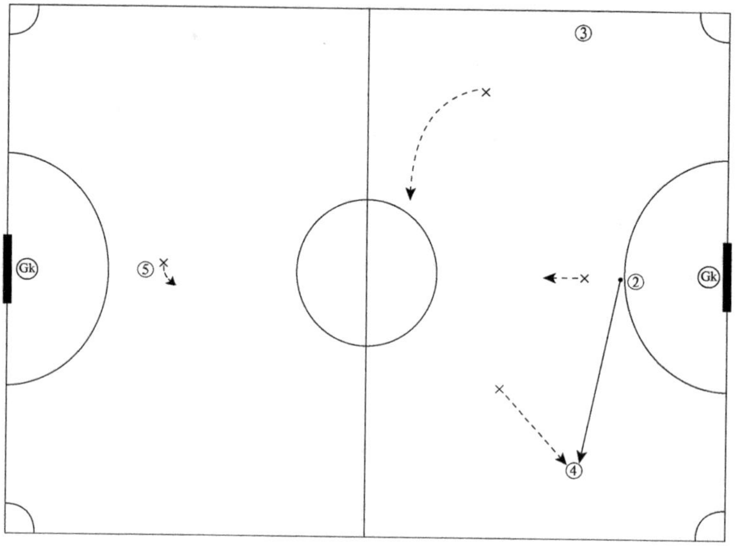

图 4-29　全场人盯人紧逼防守三

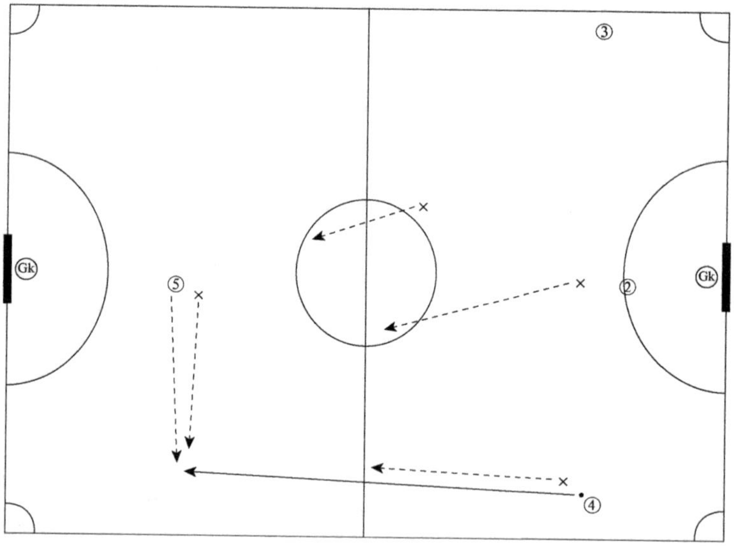

图 4-30　全场人盯人紧逼防守四

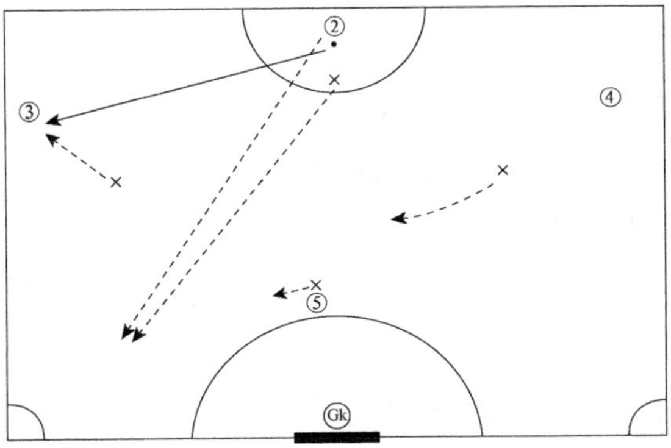

图 4-31　半场人盯人防守

全场人盯人紧逼防守一般运用在场面被动、比分落后球队急于取得球权或本队整体实力占优要减少对手有效的控球时。但此战术因防守空间大、距离远，相互之间的协防、补防、无球进攻队员的前插跟防以及中锋身前会留出大面积的接应空间，从而对防守队员的个人防守能力及体能要求较高。

而半场人盯人防守则是退回中场线以后，压缩场地空间，利用抢断反击打击对手，相对全场人盯人紧逼防守显得更加稳妥。但半场人盯人防守因防守强度较低，会给进攻方更多传控球移动的选择和射门机会。当然二者是可以并存的，当全场人盯人紧逼达不到效果或被进攻突破后，这时防守队员快速回到本方半场组织半场人盯人防守，找机会把防守区域扩大形成全场的紧逼防守。而当半场人盯人防守导致进攻控球过多场面被动、对本方球门造成威胁较大时，需要防守队员扩大防守区域缓解场面被动的局面。

（二）区域防守

1. 优点

（1）通过对持球人传球线路和无球进攻队员接应的控制，可减少对手的传控球。

（2）更有效地进行协防和补防。

（3）有效地节省体能。

（4）便于抢断球之后的快速反击。

（5）有效减少球队的犯规次数。

2. 缺点

（1）当防守位置不明确、队员不默契时，会出现更多的空位漏人情况。

（2）对防守队员相互之间补防意识要求较高。

（3）会给对手更多的射门空间。

（4）在对手传接球较快时，防守队员很难完成协防和补防。

3. 基本原则

（1）所需防守的目标是球而不是人。

（2）靠近持球进攻队员给予其压力并切断内线传球线路。

（3）不跟防无球进攻队员，但需看球看人，保持防守区域内有至少 1 名进攻队员。

（4）对中锋队员尽可能地站身前防守或绕身前抢断。

（5）以控制防守区域和传球线路为防守重点，在局部形成以多防少的局面，放弃防守离球最远的进攻队员。

（6）协防保护形成位置轮转。

4. 全场区域紧逼防守的基本要求

（1）由攻转守时队员根据进攻站位，如有中锋 3-1 站位、无中锋 2-2 站位等，从对方 10 米线开始，切断守门员或持球进攻队员直接与中锋队员传球的线路，让球往回或横向发展。

（2）在对方半场，快速靠近除守门员外的持球进攻队员并给予其充分压力，切断内线向前传球线路，不让其有舒服的接球、抬头观察、轻松的传控球空间。逼迫持球人仓促往边路带球，但应减少无把握的扑抢，贸然扑抢会导致轻易地被突破，导致以少防多的不利局面。当给予足够压力导致持球人控球失误或形成背身侧身的局面时，防守队员应进行抢断球或破坏球。

（3）始终保持前面 2 名防守队员，进攻队员前插时不跟防，但同时需保持防守视线里有回接的进攻队员，第一条防守线要横向移动抢球。当对方的进攻在一边发起并试图向另一边转移时，防守队员应切断传球线路逼迫进攻只在一边发展（遵循 2 防 3 的防守原则）。

（4）协防保护队员，根据球移动的方向，选择适当的防守区域，做到不跟防回接进攻队员、控制前插进攻队员。形成在对方半场横向 2 防 3、纵向 3 防 2 的局面，有效地在场地纵向区域形成以多防少的夹抢。

（5）在通常有中锋的进攻站位情况下，如 3-1、2-1-1 进攻阵型等，在本方半场对无球状态下中锋的防守，应保持球的同边中锋身前 2 米左右站位，不让其有近边接球的机会，保持好距离，能够有效控制对角大范围的长传球找中锋队员，守门员扩大防守区域。一旦中锋进攻队员拿到球就不要轻易地抢球，较近的协防队员要回来夹抢，前场紧逼队员要快速回到球线以后重新组织防守（图 4-32～图 4-35）。

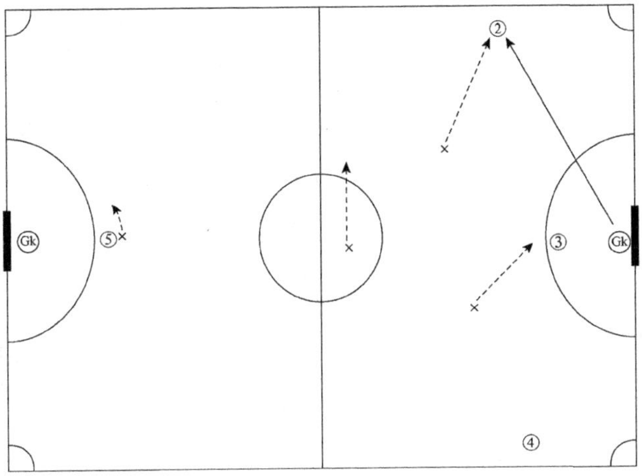

图 4-32　全场区域紧逼防守一

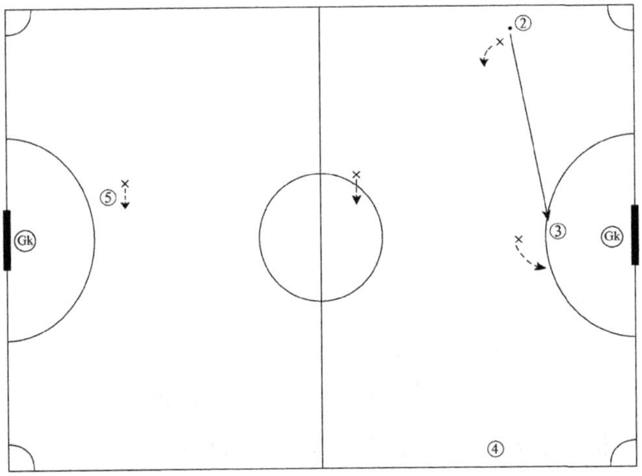

图 4-33　全场区域紧逼防守二

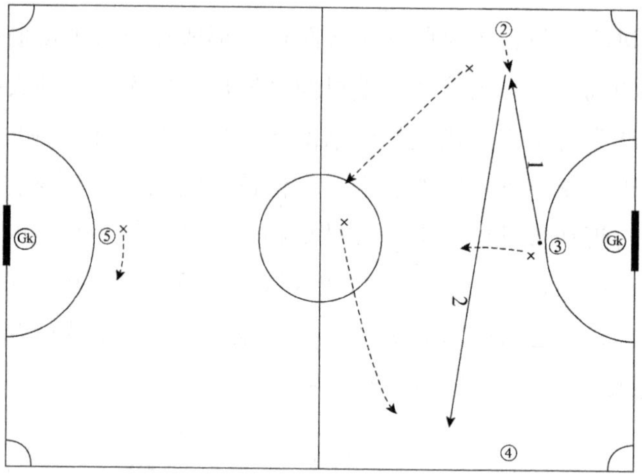

图 4-34　全场区域紧逼防守三

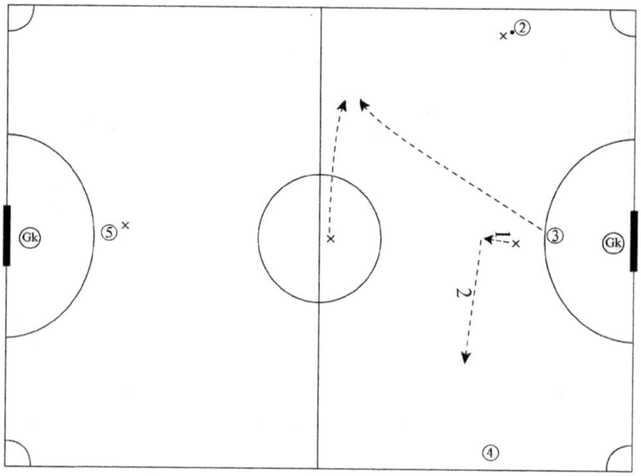

图 4-35　全场区域紧逼防守四

5. 半场区域防守的基本要求

（1）由攻转守时，队员迅速退回本方半场，明确自己要盯防的人。从中线开始，做好切断中场队员与其他队员的联系，减少持球进攻队员直接传球给中锋而造成的威胁。

（2）当球向边路发展时，对即将持球进攻队员快速靠近给予防守压力，切断内线传球线路并进行抢球。中路有进攻队员前插不跟防，但需要切断持球进攻队员横向转移的传球路线，同时向远端进攻队员靠近盯人，中路进攻队员不前插，当其接球时切断向远端转移球线路，让球始终在一边发展（遵循 2 防 3 原则）。

（3）远端防守队员到 10 米点附近找中锋防守，拖后防守队员向球的一边靠近准备协防，当边路持球人受到压迫，向边路带球时形成 2 对 1 的夹抢。

（4）当进攻初始站位有中锋（如 3-1、2-1-1 等）阵型时，防守方需要先切断直接传中锋脚下的传球线路，并明确盯人对象。当球发展到边路时防守进行轮转形成 2-2 的防守站位。当进攻初始站位无中锋（如 2-2、4-0 等）阵型时，防守 2-2 站位（图 4-36）。

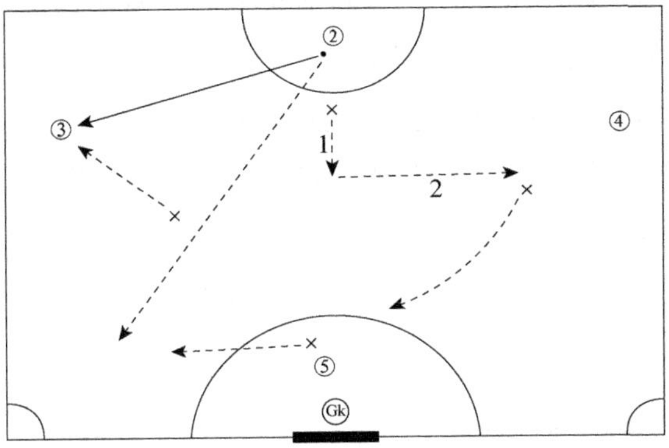

图 4-36　半场区域防守

全场区域紧逼防守一般运用在场面被动、比分落后球队急于取得球权或本队整体实力明显高于对手要减少对手有效的控球时，但因此战术防守空间大、距离远，队员相互之间的协防、补防不到位，没能有效控制传球线路时，局部区域以多防少被突破，会造成接下来局部区域以少防多的不利局面，这要求防守队员具备很强的防守意识、预判能力及整体默契程度。

而半场区域防守则是退回到中场线以后，压缩场地区域空间利用局部人数优势抢断反击打击对手，相对全场区域紧逼防守显得更加稳妥。但因防守强度较低，会留给进攻方更多传控球移动的选择和射门机会。半场区域防守特别适合对手有个别控球、带球能力极强 1 对 1 防守无法控制的情况，可形成局部的 2 防 1 夹抢。当然二者是可以并存的，当全场区域紧逼达不到效果或被进攻突破，这时防守队员快速回到本方半场组织半场区域防守，找机会再把防守区域扩大形成紧逼。而当半场区域防守使进攻方控球过多、本方场面被动、对本方球门造成威胁较大时，要求防守方扩大防守区域，缓解场上的被动局面。

（三）混合防守

混合防守是把人盯人防守和区域防守有效地结合起来，取长补短，从而达到更好的防守效果。但混合防守要求较高，需要队员有较强的阅读比赛能力及队员之间很好的交流。混合防守做得好可以弥补人盯人防守和区域防守的缺陷，但如果队员没有很好的场上交流，并且队员的防守意识及阅读比赛能力不能支撑混合防守的战术要求，球队将会出现更多的防守漏洞。混合防守具体的防守要求有以下几点：

（1）需要队员掌握各种防守体系的要求；

（2）改变防守类型是为了比赛中应对对手，如队友被突破、前插跟防很吃力等；

（3）要求队员间有很强的协作意识，因此需要他们同时做出同样正确的决定。

（4）队员注意力要高度集中；

（5）队员相互之间不断的交流是混合防守的核心。因为混合防守最大的问题在于既没有跟防也没有协防，会造成内部核心区域空位漏人情况。

（四）特殊防守

当对方球队中有个别能力较为突出、控带球能力极强且有传危险球能力的队员时，可采用特殊的防守体系，即让本队防守能力较强的队员在无球状态下就对其进行紧逼，不让其有接球空间（图 4-37）。具体防守要求有以下几点：

（1）无球状态下就对其进行紧逼，不让其有接球空间；

（2）有球状态下站住防守位置，不让其轻易突破或传威胁球，不断地干扰特殊进攻队员；

（3）其他队员正常 3 对 3 防守，如该防守队员没能很好地控制并被进攻队员带球突破，其他队员立即协防保护，延缓进攻速度，重新组织防守。

（4）所有队员都要明白自己的防守任务。

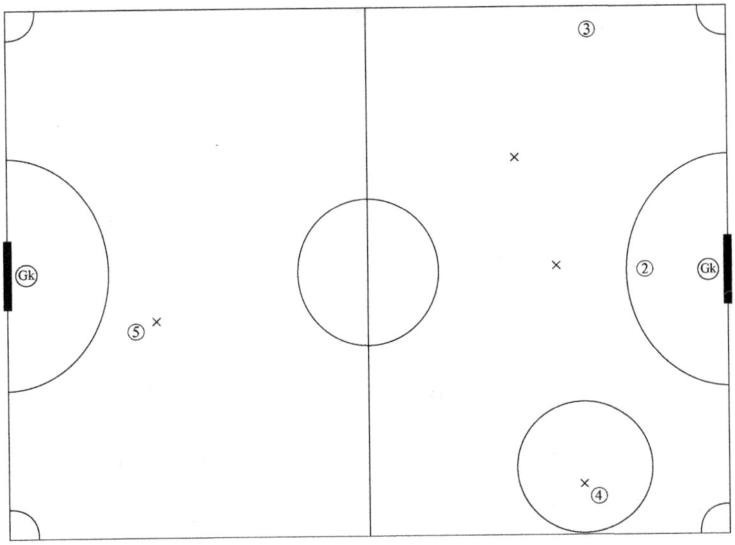

图 4-37　特殊防守

三、整体防守战术练习方法

（1）遵循整体进攻移动的练习，把练习重点放在防守体系上。通过不断调整进攻移动，让防守不断适应进攻的改变。

（2）根据球队需要的防守体系，进行 2 对 2、3 对 3、4 对 4 的对抗练习，从而不断完善整体防守体系。

（3）在对抗中要求进攻重复进行挡拆移动，防守队员要快速明确地交换防守（图 4-38、图 4-39）。

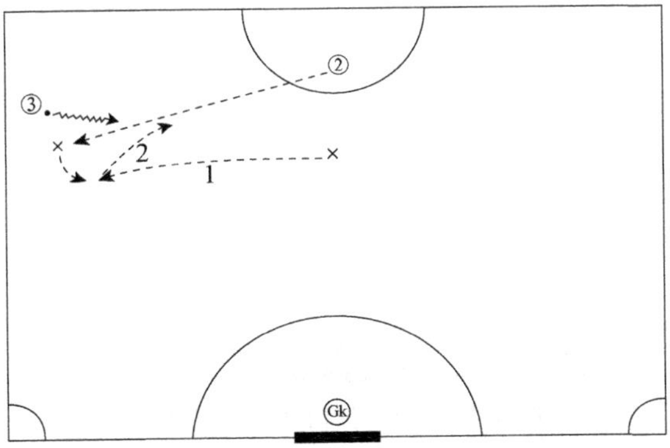

图 4-38　交换防守一

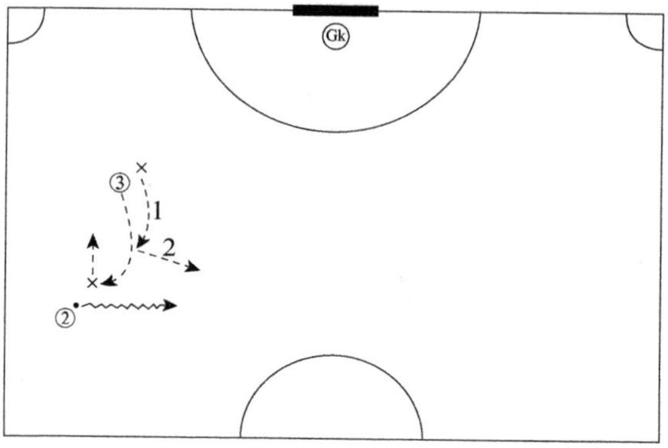

图 4-39　交换防守二

（4）针对全场区域紧逼防守的练习，前场 2 防 3 横向移动，守门员协防保护（图 4-40、图 4-41）。

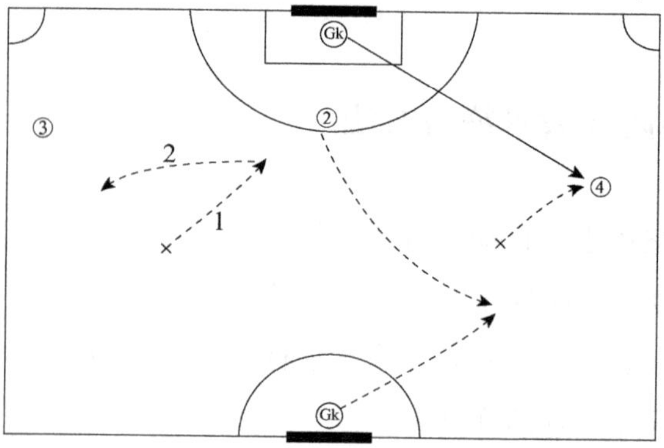

图 4-40　守门员协防保护练习一

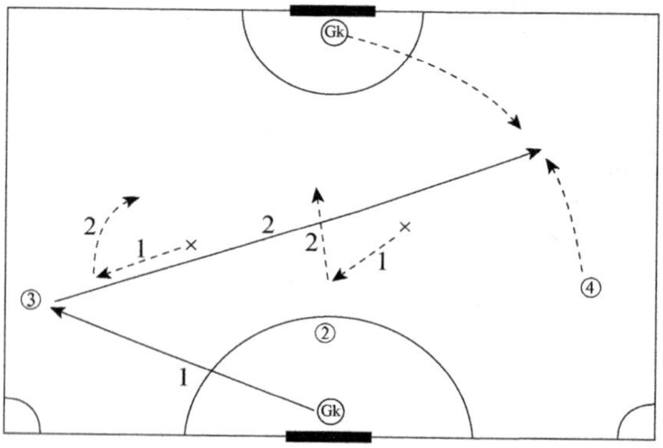

图 4-41　守门员协防保护练习二

（5）针对半场区域防守的练习，本方半场 4 防 6 的移动选位（图 4-42、图 4-43）。

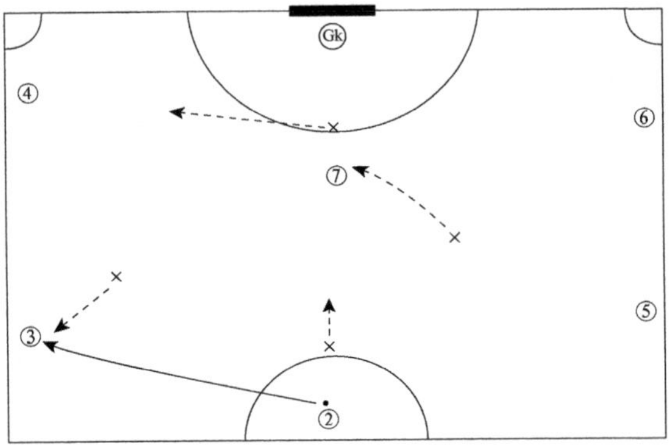

图 4-42　半场区域防守练习一

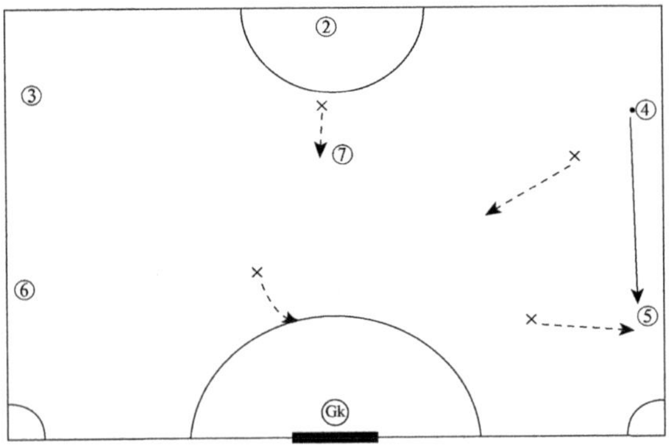

图 4-43　半场区域防守练习二

第五章

室内五人制足球守门员技术

第一节　室内五人制足球守门员基本要求

一、守门员的重要性

室内五人制足球比赛中，守门员是非常重要的。相比十一人制足球的守门员来说，室内五人制足球守门员需要完成的扑救、出击、组织防守、发动快攻等技、战术的频率要高得多。如果一支球队拥有高水平的场上队员，而守门员的水平不高，也很难取得好成绩。反之，一支拥有中等水平队员的球队有个很好的守门员，在很多方面则占很大的优势。

二、守门员的选材与练习步骤

在室内五人制足球中，守门员年龄选择为11～12岁。此前，该学生应该与其他的队员一样，要掌握好室内五人制足球的基本技术。

培养年轻守门员时，开始必须用手套、护膝等防护措施，在学习跳跃和扑球动作时，也必须使用垫子。

在室内五人制足球中，守门员快速而又节省体力地在球场上移动是非常重要的。因为在场上守门员必须能够突然起跑、迅速改变运动方向、自如地向前后移动、双腿能够不断向侧面或后面摆动及完成各种各样的跳跃和急停。毫无疑问，这些动作都要与守门员各种各样的起跑动作紧密相关，而且也为守门员进一步学习新技术、带球练习等打下基础。

守门员首先要学习无球情况下的身体移动。守门员的学习要从单一的技能逐渐过渡到将一种技能与另一种技能相结合，直至将多种不同的技术动作组合在一起练习。例如，在掌握了向前跑之后，守门员要练习变换方向向两侧、前面或者后面跑动，然后连接倒退跑动作。教练员通过跑动技术的演示说明，着重强调双腿弯曲与双脚站位的重要性。

制动练习应当从停顿步法开始，然后才是跳跃停步。一般从原地起跳开始练习，再到单腿起跳和双腿起跳。练习重点应当放在主动单腿蹬地起跳和甩臂助跳两项内容上。同时还应注意完成跳跃动作后要保持好落地姿势。守门员在落地动作完成的瞬间，双腿着地要轻松，动作要干脆利落，为做下一个技术动作做好准备。

三、守门员的选位

当对方队员带球正对球门，但距球门仍有一段距离，守门员一般选择站在球门正中的位置。守门员的基本站位方式是双腿略弯曲，保持与肩同宽，身体稍微向前倾斜，整个身体重心均匀分配在两条腿上（图 5-1）。如果对方队员带球逼近球门，守门员的站位也需要发生变化，身体重心放得更低，整个身体更加前倾，并且守门员应当迅速将身体重心移动到前脚掌上（图 5-2）。当对方队员带球沿边线移动时，守门员应当选择在带球队员离球更近的一侧站立。此时，守门员一边向球门靠近，一边伸直一只手臂遮挡住球门上角，另一只手移向另一侧以保护没有任何防护的球门中间部分，整个身体充分伸展开，双脚平稳站立，身体重心转移到离球门柱近的脚上（图 5-3）。在这个位置上，守门员可能用手或脚击挡任何高度的球，也可以阻挡对方队员向远门柱方向的射门。

图 5-1　球在正面较远距离守门员站位

图 5-2　球在正面较近距离守门员站位

图 5-3　球在侧面守门员站位

第二节　室内五人制足球守门员基本技术

一、守门员接挡球技术

（一）迎面接低空或地滚球

1. 基本要求

守门员双脚平行站立，紧盯快速接近的球，当球几乎到达眼前时，守门员要将双腿合拢双膝弯曲，同时身体略微前倾用双手截球，并马上将球紧紧抱在胸部（图 5-4）。如果球在距离守门员 1 步距离的侧面，守门员应马上用离球近的脚将球停住并向球跨 1 步，在双手触球之前，把另一只

图 5-4　双脚平行站立接地滚球

脚也挪过来。实施这种技术动作的前提是守门员要有良好的脚下运动能力和对球运动轨迹准确判断的能力。同时守门员应当注意练习处理突然偏离原来运行轨迹的球，尤其在球门前发生“混战”时，这种球会经常出现。

守门员采用单膝跪立姿势（图 5-5）是最保险的接地滚球的方式。当球向守门员滚过来时，守门员应当将身体重心放在支撑腿上，支撑腿的膝关节尽量弯曲，另一条腿努力外翻并且膝关节紧靠支撑腿，小腿横着紧贴地面，形成阻挡来球的屏障。守门员的双手下垂，几乎触到两腿之间的地面上。当球一触到膝关节，立刻让球沿着前臂滚动并且紧贴着胸部或者腹部。

图 5-5　单膝跪立接地滚球

2. 练习方法

（1）队员先两脚分开站立，身体慢慢向前倾斜，膝关节不能弯曲，同时用双手手掌接触地面。

其他方案：其他动作同上，两脚分开站立和身体倾斜动作同时进行。

（2）守门员从最基本站位开始，做身体前倾弯腰，拾捡放在地上的球并将球抓握到胸部。

（3）2 人一组练习。其中 1 人站在守门员的位置上，他的队友站在球门前 3～4 米处将球沿地面向球门抛过来，当球接近球门时，守门员用双手手掌抓握球，站直身体后，将球紧贴向胸部。然后 2 人交换位置重复上述的动作。

（4）队员站成一列纵队，另外一名队员以守门员的站姿准备，这名队员面对纵队站立并向排头队员发地滚球，排头队员弯腰接球，然后踢低位球给发球队员，完成后排头队员跑到纵队尾部等候下次练习。

（5）2 人一组练习。1 人站在球门前的位置，他的队友从距球门 5～6 米远处用脚将球低射至球门。守门员需要用正确的接球姿势接球。

其他方案：其他动作同上，但是球可以从偏左、偏右的角度发过来，守门员要根据来球的位置跨 1 步，双脚合并后接球。

（6）3 人一组练习。2 人距离 16 米相对站立，依次将球低射至站在他们中间的守门员。守门员原地不动接球，接球后将球发还给踢球的队员，然后转身准备接另一名队员的球。2 名队员和守门员要定时互换角色练习。

（7）几名队员站在距球门 8～12 米远处，以不同力度依次将球向球门低射，守门员扑接滚动的球。

（二）侧扑球

1. 基本要求

在确定了球的走向之后，守门员应当利用下扑动作，如同把地面当作床扑过去。在此过程中，守门员需要依次练习用小腿、大腿、盆骨及手臂接触地面，之后一手靠前一手靠后将球固定并紧紧压至胸口。扑球的方法按照球飞行方式的不同分阶段进行练习。

室内五人制足球守门员扑接侧面低位球方法（图 5-6）如下：判断出球的线路后，守门员向地面扑去，几乎是沿着地面飞行，守门员小腿、大腿、胯部和手依次着地。一只手从后面接球，另一只手从上面将球向胸部抱牢。

图 5-6　扑接侧面低位球

室内五人制足球中扑救球经常出现在守门员离开球门面对进攻队员的情况下。面对这种情况，守门员应该当机立断，要能够准确判断出自己能否先于对手或者同时和对手触到球，精准判断形势后，守门员先向前跨几步并去扑救解围，要么将球控制在自己手中，要么在靠近进攻队员时用自己的身体阻挡对方射门（图 5-7）。

守门员通常在对手向位于罚球区的同伴传低位球时使用以上方法扑救球。守门员的任务在于判断形势，迅速离开球门猛冲向球的滚动方向扑球并得球，或者将球击出危险区域（图 5-8）。

图 5-7　侧扑脚下球

图 5-8　前扑脚下球

2. 练习方法

（1）守门员倒地双手抱球。第 1 声信号发出，守门员做身体向左侧倒地扑救并用双手用力抱球。当第 2 声信号发出后，守门员归位，向另一个方向完成上述动作。

（2）守门员双膝跪地，在他的左右两侧各放置 1 个足球，练习依次接住一侧的球并将其紧紧抱住，然后再更换到另一侧做同样的练习。

（3）在守门员左右两侧各放置 1 个足球，守门员保持下蹲动作，依次向两侧扑球，得球后将球向胸部抱紧并起立。

其他方案：其他动作同上，可以从守门员基本站位开始练习；其他动作同上，扑球需要穿越设置好的吊环（图 5-9）。

（4）2 人一组练习。1 名队员在距守门员 2 米远处给守门员踢低位球。守门员基本站位完成扑球并得球，随后起立。这一动作完成后，守门员将球踢还给队友，如此反复练习。

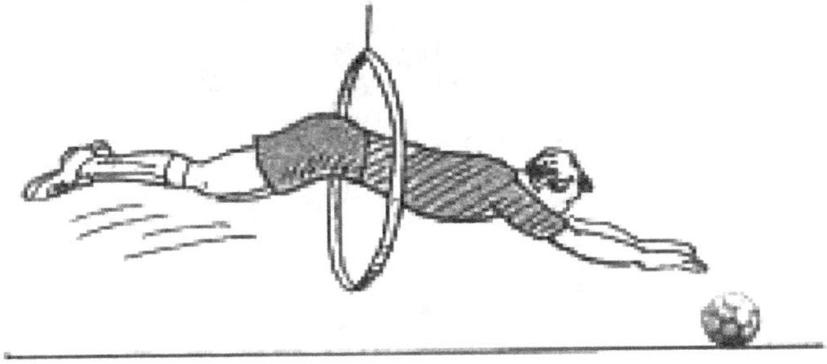

图 5-9　越过吊环扑球练习

（5）守门员在球门附近侧卧，胸口朝向队友。队友从距离守门员 6～7 米远的地方向其射低球，要让球偏离守门员。守门员从地面跃起得球，然后要回到原来的位置。练习的复杂程度要逐渐增加，如不断增加守门员与球之间的距离或者增加射门的力度。

（6）2 人一组练习。2 名守门员距离 3 米相对而坐，持球一方向另一方抛出偏离其 1 米、高度约为 0.5 米的球，接球方要保持坐姿扑救得球。当一方接到球之后，按照上述方式给对方发球。

（7）2 人一组练习。甲队员持球面对乙队员，乙队员单腿下蹲。甲队员以 0.5 米左右的高度向乙队员一侧抛球。乙队员扑救得球后，将球抛回，球的运行方向要朝着下蹲的那条腿。队员任务：要用身体最柔软的部分着地；经过一段时间练习后更换下蹲的腿；队员要定时轮换角色。

（8）在球门线 8～10 米平行位置直线放置 8～10 个球，几名队员轮流（可以稍有间隔）射门。球要以低位射向守门员的一侧，守门员要努力将球扑下并接住。

（9）3 人练习。1 人站在球门处，在其左右两侧各用立柱搭建 1 个小球门。距 2 个球门 5～6 米处各站立 1 名队员，这 2 名队员依次以较轻的力度向 2 个小球门射门。守门员从站位开始扑球接球，拿到球后，他要将球踢送回并且迅速归位，然后准备接另一个方向踢过来的球。定时轮换扑球者与射门者的角色。

（10）守门员站在球门正中，在距其 1.5 米处放置实心球。队友站在侧面以较低的高度把球向守门员抛去，守门员要从球门跑出经过实心球并努力接住飞来的球（图 5-10）。练习一段时间之后，变换抛球的角度。

图 5-10 越过实心球接球练习

（11）2 人一组练习。守门员站在球门处，另 1 人站在距守门员 2～3 米的位置并向守门员不断投球，要使球从地面弹起 0.5 米左右，守门员移位并拿到反弹起来的球。球的投射角度要不断变化。队员定时轮换角色练习。

（12）2 人一组练习。甲队员站在球门的中间位置背对乙队员，乙队员持球站在距球门线 3 米远的地方。哨音响起后，甲队员迅速转身 180°接由乙队员从侧面抛过来的反弹球，反复练习之后更换角色。

（13）守门员站在球门正中位置，教练员将球向门柱方向抛出，球飞起瞬间守门员移动扑救得球。

（14）守门员站在球门处，多名队员在距球门 12 米远处带球站立，他们轮流向球门移动至罚球线处射门。守门员的任务是迎着进攻队员迅速冲出球门，尽量在靠近罚球区扑救接球。

其他方案：其他动作同上，但是射门队员在进入罚球区时尽力避开守门员的扑救，将球射入球门。

（15）守门员在球门中心朝球网站立，另外 2 名队员站在门柱旁边。2 名队员轮流向前踢地滚球，守门员听到哨声后，立即转身 180°，向前跑两三步扑救接球。守门员尽量在罚球区内得球。

（三）接中高球

1. 基本要求

守门员接中高球（通常高于膝低于头部）可采用原地接球和跳跃式接球两种方式。

第一种方式是原地接球。守门员在球接近身体时，要弯曲膝关节并将两脚靠拢，躯体上半部分略微前倾。这样一来，身体和大腿形成了一个独特的角，好似捕球的网。双手肘部弯曲向前，手掌面对球。球接触到手掌之后用手掌、前臂抱紧并贴近身体（图 5-11）。如果守门员在接球时处于走步状态，则他应该将身体重心调整到后面的支撑腿上，这样可以最大限度地减少射门球带来的冲击力。

图 5-11　站立接中高球

第二种方式是跳跃接球，其目的在于阻挡对方队员传球。当球飞向守门员胸部时，守门员单腿蹬离地面跳跃接球，将球紧紧地抱入怀中（图 5-12）。

图 5-12　跳跃接中高球

2. 练习方法

（1）守门员双腿分开比肩稍宽站立，手臂肘部弯曲向前伸，手掌持球。守门员练习将球抱入怀中，再次还原初始位，反复练习。

（2）其他同上，守门员将球向上抛 30～40 厘米，接球后将球抱至胸部。

（3）守门员站在球门前，由队友在距其 2～3 米远的位置向其腹部位置抛球，守门员练习接球。

（4）守门员站在球门正中，几名队员在距其 6～7 米远的位置轮流向守门员腹部偏上的位置抛球，当球飞近守门员时，守门员挺身跃出将球接住。

其他方案：其他动作同上，队员在距离球门 8～10 米远处用脚向守门员踢球。

（5）守门员站在球门正中，队友依次在距离球门 7～8 米远处，变换方向向守门员抛球。守门员的任务是根据来球线路移动身体，双脚平行向前上步或者跨交叉步将球接住。

（6）几名队员在距球门 8～10 米远的弧线位置轮流向守门员踢球，射门的队员要用不同的力度向守门员腹部或者胸部送球。守门员根据具体情况判断，采取原地接球、跳跃式接球或者前冲接球。

（7）守门员站在球门处，在距离球门 2～3 米处放 1 个实心球。队友从 8～9 米之外的距离向守门员抛球，迫使守门员跑离球门并且越过实心球跳跃接球。

（8）守门员与挡板相距 2 米并面对挡板站立，守门员侧后方站立 2 名队员依次向挡板抛球，球触壁反弹回来到达守门员胸部高度时，守门员原地或者跳跃接球。

（四）接高球

1. 基本要求

接高球（或者是斜吊球）既可采用站立式姿势也可采用跳跃式姿势。原地站立姿势接球时（图 5-13），当球飞近的瞬间，守门员双手向上伸，手掌对着球，双手大拇指几乎相触。接到球后轻盈地将球揽入怀中或是回归到原来的位置再次将球传给队友。守门员在接球的一瞬间，手臂肌肉应当尽量放松并最大限度缓冲球的冲击力。如果守门员的手腕是绷紧的，球很有可能再次弹出。

守门员跳起接高球可以在原地用单脚起跳或者双脚起跳完成。一般情况下，守门员在禁区内会用这样的方法接球。守门员落地时双腿应该是分开的，这样可以瞬间将球得到并立即投入比赛（图 5-14）。

图 5-13 守门员站立接高球

图 5-14 守门员跳跃接高球

2. 练习方法

（1）双手持球将其举到脸部高度，2 个大拇指几乎靠在一起。听到哨声后双手向后拉将球抱至胸前，做完这个动作回归到起初的位置，同时模拟接拿降落球动作。

（2）队员将球向头上方抛，用手接球，然后松手让球下落，上臂和胸部形成一个“角”，从而将球揽入“角”中。

（3）2 人一组练习。2 人相距 2 米左右面对面站立，他们轮流将球抛向队友上方，接球者则需平稳地将球抱入怀中。

其他方案：队员相距 5～6 米面对面站立，将球以抛物线轨迹抛向同伴。

（4）多名队员半蹲着围成一圈。1 名队员站在圆心并向上方抛球，同时他喊某队员的名字，该队员要迅速起立跑两三步，然后跳起接抛过来的球。

（5）守门员站在球门中间位置，几名队员在距离守门员 8～10 米的位置轮流向罚球区踢高轨迹半空球，要迫使守门员向侧前方跑动，跳跃接球。

（6）其他动作同上，但是守门员要与其中一名消极移动的队员争球。

（7）守门员站在球门中间位置，他的队友站在 10 米远处标记的地方并以很高的弧度踢球，让球在逼近禁区线的位置下落。守门员要从球门前跑出，跳起并努力在最高点将球接住。守门员须垂直向上跳起，落地时不能超越禁区线。定时轮换守门员和其他队员的角色。

（8）守门员站在球门中心位置，保持基本站位方式。球门后面站立 2

名带球队员，他们轮流以很高的弧度将球踢出并让球飞越球门在禁区线内1～2 米的地方降落。守门员受视线影响对于球的判断会出现延迟，但是他必须及时做出反应。发现球后，守门员迅速起动并在跳跃的最高点接球。

（9）守员站在球门一角，用一只手接触门边。在球门 5 米之外处，由 1 名队员向球门另一个角射门。守门员要运用平行侧移脚步在跳跃的最高点接球，然后在另一个球门角重复上述动作。定时更换队员角色。

（五）跳跃扑救侧面半高球和高球

这种方法一般用于应对来自对方队员的强力射门。为了保护球门的安全，守门员应当迅速蹬离地面，身体向上，旁侧移动，双手上举，手掌正对来球，手指轻微展开，增大接球面积（图 5-15）。接球的瞬间，守门员的双手弯曲并用力将球抱到胸前。落地瞬间守门员蜷曲身体。

（六）站立扑救射向球门的半高球

1. 基本要求

站立扑救射向球门的半高球与双手向上抓球的动作相似，起初手臂要充分伸向来球的方向，两只手臂几乎保持平行，手指放松并保持半弯曲状态，整个身体重心移动到靠近来球方向的那一只脚上，同时守门员要向这个方向转身抓球（图 5-16）。

图 5-15　跳跃扑救侧面半高球和高球

图 5-16　站立扑救侧面半高球

2. 练习方法

（1）2 人一组练习。1 名队员站在守门员的位置上，另 1 名队员站在距守门员 3～4 米远的位置上，守门员左右各放置 1 个垫子。抛球队员以较高角度将球向守门员抛出，守门员要跳起接住来球并倒卧在铺好的垫子上。反复进行此项练习并定时更换队员角色。

（2）守门员站在由 2 个实心球搭建的球门中间，球门宽度为 2 米。另一名队员在距离球门 3 米远的地方，以抛物线轨迹向守门员侧面抛球，守门员必须跃过实心球接球（图 5-17）。抛球队员可以从左右 2 个方向抛球，训练过程中最好使用体操训练专用垫子，定时更换队员角色。

图 5-17　越过实心球接球练习

（3）守门员站在球门中间，另 1 名队员站在离球门 3～4 米远的地方向球门抛球，守门员要跃起接球，反复进行此项练习并定时更换队员角色。

（4）3 人练习。甲队员为守门员，乙队员在距离守门员 3 米远的位置采用跪卧姿势，丙队员站在距乙队员 3 米远的位置，丙队员将球向乙队员的一侧高位抛出，此时守门员需要助跑几步，蹬离地面，并从乙队员身上跃过将球扑救住（图 5-18）。这个动作完成后要变换抛球角度继续练习。建议使用体操练习专用垫子，定时更换队员角色。

图 5-18　越过球员接球练习

（5）守门员站在球门中间，保持基本站位姿势。另 1 名队员站在距守门员 4～5 米远的地方，将球踢向球门。守门员蹬地起跳后将球接住。要不断更换来球的方向，定时更换队员角色。

其他方案：守门员用蹲位或者俯卧位练习。

（6）守门员站在球门中间，踢球队员则站在距守门员 8～10 米远的地方。教练员口令发出后，守门员向前翻滚 1 次并马上起立保持基本站位姿势，踢球队员以较轻的力量将球高射至守门员侧面，守门员跃起接球。练习过程中踢球队员应逐渐增加踢球力度。定时更换队员角色。

（7）队员轮流从距球门 10～12 米处将球高射向守门员侧面，守门员跳起扑救球。

（8）守门员站在球门中间，门柱两侧各站 1 名队员，这 2 名队员轮流向距球门 4～5 米远的接球队员抛球，接球队员头顶高位球射向守门员侧面，守门员应努力接住高飞而来的球。定时更换队员角色。

（七）脚挡低球射门

脚挡低球射门一般采用弓箭步或者劈腿姿势。弓箭步挡球是最流行的防守方式之一（图 5-19）。守门员对来球方向做出判断后，用接近来球的脚做 1 个弓箭步。这种情况下守门员的小腿几乎与地面垂直（或者与地面稍微呈现一点弯曲角度），另一只脚几乎贴近地面，同时身体垂直转向来球的方向，为了保险起见同方向的那只手臂向前伸，另外一只手微微抬起保持身体平衡。守门员可以用脚或小腿的任何部分将球挡住。守门员身体或垂直或向弓箭步方向倾斜，这都取决于弓箭步幅度的大小。在成功将球击回之后，守门员要立即恢复到基本站位姿势，以防对手突然从不同方向将球踢来。

（八）劈腿击挡低角射球

劈腿击挡低角射球可以使用腿的任何部位将球击回。成功挡球后，守门员几乎劈腿坐在地面上（图 5-20）。动作完成后，守门员应迅速站起并恢复到基本站位姿势。

图 5-19　弓箭步挡球

（九）摆腿击挡侧面半高球

一般情况下这类球的高度在胸部以下（图 5-21）。摆腿击挡一般是以大腿的摆动带动小腿的（小腿稍滞后），与此同时，守门员将另一只脚也向击挡方向移动。在这种情况下，守门员要估算自己的起跳力量，保证用脚内侧或者伸小腿挡球，挡球腿的脚应当向上绷直。为了增加保险系数，守门员还要在击球的同时把同侧的手摆向击球的方向。

图 5-20　劈腿击挡低角射球

图 5-21　摆腿击挡侧面半高球

（十）单手掌击球（或双手）

1. 基本要求

通常守门员会在措手不及的复杂情况下采用单手掌击球。面对进攻对手，守门员经常来不及拿住球，而是被迫在最后时刻通过跳跃或者猛冲用单手或者双手将球推挡至安全地带（图 5-22）。这种技术也可用于击出飞向球门的任何高度的球，这些球要么被击离球门，要么被击飞过横梁（图 5-23）。在对手越过球门前的防守队员向球门劲射时，守门员使用这种方法很奏效。

图 5-22　守门员掌击低球

图 5-23　守门员掌击高球

当球即将落入球门内，并且对方队员已经准备再次控球时，守门员都是用单拳（或者双拳）将球击出。守门员会用紧握成拳的手指骨触球完成该动作，击球时肘部关节弯曲（图 5-24）。一般情况下，守门员都是跃起将球击出。

如果球直飞至守门员上方或者面对守门员，而守门员在其他的位置上或者根本没有预见这样的局势，还没有做好接球或击球的准备，门前防守队员要当机立断用头球解围。当对手踢高空球射门，球在罚球线附近下落时，为了保证球门不失，守门员也可以更多地使用头球解围（图 5-25）。

图 5-24　守门员拳击高球

图 5-25　守门员头球解围

守门员运用单手掌击球，可以成功地应对对方反击而队友来不及返回防守区域的情况。另外，守门员不得不单枪匹马与数名对手对抗并且已经处于禁区外时，只得使用头球进行有效的防守。在这种情况下，守门员要抢在对手进攻之前得球。通常守门员要跑动几步以单脚或双脚跳起，在空中弯曲背部，大力用额头顶球，要使球向高出对手方向飞行。在迫不得已的情况下，守门员要在触球时转头，将球顶到安全地带，甚至顶出边线。

2. 练习方法

（1）守门员蹲立球门前，一手触门柱。1 名队员在距离球门 2 米左右的位置不断地向守门员远端的门柱附近球门角踢低位球，守门员用单手掌将球击回，然后在击球的门柱就近恢复初始站位。之后，射门队员则向另一个球门角射门。定时更换角色。

（2）守门员站在球门中间，在球门小角处各放置 1 个球。守门员从基本站位开始向另一角冲刺，将放在地上的球踢离球门，然后迅速就近恢复站位，再向另一个角的球猛冲。

其他方案：其他动作同上，但是由几名队员从球门外 3～4 米处射门，守门员扑救滚向球门的球。

（3）守门员站在球门中间，面对边线。2 名队员在球门前面 5 米处侧对球门相互传球（传球线路与球门线平行）。守门员的任务是使用侧扑动作用单掌或者双掌将球击飞。成功击球后，守门员迅速回初始站位（图 5-26）。定时更换角色。

图 5-26　守门员侧扑掌击球练习

（4）守门员听到哨声后原地向上起跳，落地瞬间向左或向右做箭步动作。

其他方案：完成向旁侧的箭步动作后，守门员踢飞放在 1 米外的球。

（5）守门员站在球门中间，背对球场中心。踢球队员站在距球门 6 米的标记线和球门线之间，向守门员发出声音信号，守门员快速转身 180°并取基本站位。队友此时将球踢向守门员的旁侧，迫使守门员做箭步姿势将球击出。

其他方案：①其他动作同上，但是守门员用劈腿式击球。②抛球队员双手向守门员抛齐腰高的球，守门员单腿摆动将球踢出。

（6）守门员站在 6 米线上，面向球场中心。守门员身后 3 米处站 1 名队员，听到哨声后队员向守门员两侧踢低位球。守门员集中精力，注意观察，一旦发现球立刻扑救解围。此练习要求守门员必须在球出禁区线之前击球。定时更换角色。

（7）守门员坐在球门中间，面向球场中心。2 名队员在守门员对面 3～4 米处站立，轮流向守门员抛球，让球能够落地反弹经过守门员体侧入球门。守门员要保持坐姿，身体向反弹球方向倾斜，尽量用手掌将球击离球门（图 5-27）。定时轮换队员的角色。

图 5-27　守门员坐姿掌击球练习

（8）队员 1 人 1 球排成纵队站在距离球门 12～15 米处，守门员站在球门中间。队员轮流向球门方向带球，进入罚球区域时，队员有意拉开人球距离。守门员面对进攻队员跑出球门出击，并用一只手的手掌将球向球门旁侧击出。

其他方案：其他动作如上，但是队员向球门不同的方向带球。

二、守门员开球技术

这里主要讲守门员用手抛球的方式开球。守门员接到球之后，首要的任务是迅速、准确地用手将球抛给无人防守的队友。守门员抛球主要是用单手从肩的后面侧身抛球。从肩的后面侧身抛球有：原地抛球、交叉步运动中抛球、移动但无交叉步抛球及起跳落地式抛球等几种方式。

（一）正面抛球

守门员单手持球，肘部弯曲并将球举至头的高度，身体重心移至位于身体后侧的支撑腿上，另一手臂的肘部弯曲，放置胸前，持球手从前臂开始发力向前下方摆动，到手腕猛然发力摆动结束整个动作（图 5-28）。在完成动作的同时，空手向一边收，同时身体的重心转移到前面的腿上，随后原先在后面的腿移到前面来。

（二）单手侧抛球

单手侧抛球（图 5-29）的动作类似铁饼运动员抛铁饼的动作，其技术要领有很多与单手原地从肩后面抛球的动作相似。

图 5-28　正面抛球

图 5-29　单手侧抛球

（三）单手抛地滚球

1. 基本要求

单手抛地滚球通常被称为“滚式球”。这个动作完成起来并不困难，用这个方法守门员可以准确地将球传给近距离的队友。首先，守门员一只手往后拉，整个躯体前倾，持球手异侧的腿向前移，然后守门员向前跨 1 步，加速将球向预想的方向抛出（图 5-30）。完成这个动作后守门员的手还要沿球路向前摆动。

图 5-30　单手抛地滚球

2. 练习方法

（1）守门员排成纵队，在他们对面 4～6 米处站 1 名持球队员，持球队员用手将球“滚”向排头队员，排头队员接球后以同样方式将球送回，完成动作后排头队员迅速站到纵队尾部。然后持球队员以同样的方式将球滚给第 2 名队员。以此类推。定时更换队员的角色。

（2）2 人一组练习。2 名队员相距 6～7 米面对面站立，他们轮流将球向对方滚送，并按规定动作接球。

（3）2 人一组练习。2 名队员相距 8～10 米面对面站立，他们轮流在原地将球从肩后面发力抛出。

其他方案：其他动作同上，但是球从侧面抛出。

（4）队员在距挡板 4～5 米处以不同的方式用单手向挡板抛球，注意力要放在腕部动作结束时的发力上。

（5）在距球门 20 米、25 米和 35 米的位置分别画 3 个直径为 1 米的圆。守门员轮流在原地以不同的方式向不同的圆做抛球练习。

其他方案：其他动作同上，但是抛球前守门员完成几个交叉步抛球，或在运动中（无交叉步）抛球，或触地后运动抛球。

（6）2 人一组练习。2 名队员相距 20～30 米面对面站立。2 人依次先将球抛起，然后用脚将空中或者半空中球踢传给对方。

（7）在距禁区 30～35 米处分别画 2 个直径为 2 米的圆，2 个圆相距 5～6 米。守门员在球门处站立。1 名队员将球高抛给守门员，守门员接到球后，将球抛起，踢空中球或者半空球让球落到指定的圆圈内。

其他方案：队员将球低位滚动传给守门员。

（8）2 人一组练习。守门员站在球门中间，另 1 名队员站在球门侧面，这名队员将球向禁区中心抛出，守门员迅速跑出接住球，然后将球抛起，用脚将球踢到场地另一半的指定目标处。

其他方案：守门员球踢向另一个球门。

在室内五人制足球运动中，守门员不仅要完全掌握专业的接球、挡球技能，而且还要掌握场上队员需要掌握的技术。这是由室内五人制足球的本质特点决定的，要求守门员有时也要扮演场上其他队员的角色。比如，守门员从队友那里接回传球或是直接把对手的射门接住，这时应当立即将球精准地传给一个队友或是吊射对方球门，同时避免让对方抢断。除此之外，复杂的场上形势还要求守门员及时采取不同的接球方式以及运用多种假动作来抵御对方队员强劲、准确的射门等。

一个技术过硬的室内五人制足球守门员，在危机时刻应该是最后一名防守队员，他必须承担起防守或者调度员的任务。因此，想要成为一名合格的室内五人制足球守门员，队员不仅要进行守门员的专业训练，而且还要参加场上其他队员的训练活动。

第三节　室内五人制足球守门员补充性技术训练

一、基础球性练习

（1）守门员单手持球，以身体为轴心向前或向后转动。训练时注意不断左右手交替持球。

（2）守门员左右手交替抛接球，球的高度要超过头顶（图 5-31）。

（3）守门员两手持球，身体前倾，从两腿之间将球向背后抛，使球飞跃头项。站直后，守门员在自己面前接球（图 5-32）。

其他方案：守门员直身站立向上抛球后转身 180°在头顶处接球。

图 5-31　高空交替抛接球

图 5-32　背后抛球正面接球

（4）守门员身体前倾，保持半蹲姿势，在两腿间双手传接球（图 5-33）。

其他方案：①在两腿间“8”字传接球（图 5-34）。②球贴地面围绕腿部“8”字传接。

图 5-33　两腿间双手传接球

图 5-34　两腿间“8”字传接球

（5）守门员坐下，一条腿伸直并稍稍抬起，两手在这条腿下方传接球。

（6）守门员站立，双手努力伸直抱球，松开手，当球下落时抓球并抱入怀中。

其他方案：其他动作同上，但是守门员接反弹球。

二、基础接球练习

（1）守门员保持站立姿势，右手向旁侧伸直并持球。守门员用球击打自己脚下的地面，猛跳一下，再用双手接从地面反弹的球，然后将球转到左手，再按照前面方式练习。

（2）守门员双手将球抛至头部上方，在跳跃最高点接球后将球抱入怀中。

其他方案：其动作同上，但是抛球之后守门员迅速转动 360°，努力接住球并将其抱入怀中。

（3）守门员仰卧在地面上，双手伸直持球。迅速起身后将球送到胸部。

其他方案：采用侧卧或俯卧姿势进行此项练习。

（4）守门员俯卧，双手支撑地面。队友向其头部高度传球，守门员要努力接住球，同时肩部着地。

其他方案：守门员保持半蹲动作或采用跪姿，队友向其伸直的双手抛球（图 5-35）或者向稍稍偏离这个位置处抛球（图 5-36）。

（5）在守门员身体左右两侧 2 米处各放置 1 个实心球。守门员保持基本站位姿势，抛球队员向右将球抛出，使之滚过实心球，守门员出击抓滚动的球。之后在另一个方向做同样的练习。

（6）守门员将球举到头部上方，用力将球扔向自己面前的地面，向前翻滚 1 周在球弹起后快要落到地面时，守门员将球抓住并抱入怀中。

其他方案：守门员抛球后转体 180°，向后翻滚 1 周再抓球。

（7）2 名守门员相距 10～12 米相对站立。其中 1 人带球完成前滚翻，站起后用脚将球以弧线轨迹踢向队友。队友须跳起接球并抱入怀里，然后做 1 个前滚翻动作，再按照上述方式将球高抛给队友。

图 5-35　跪姿接球

图 5-36　跪姿起身接球

三、基础反应练习

（1）守门员保持基本站位姿势，背对持球队员，持球队员站在距守门员 5 米处双手持球。哨声后，持球队员向守门员抛球，守门员须迅速转体 180°并将球接住，反复进行此项训练（图 5-37）。

图 5-37　背身反应转身接球

其他方案：将球从不同方向向守门员双手举起的位置抛。

（2）守门员面对挡板并与挡板相距 1.5～2 米站立。1 名队员站在守门员后面向挡板抛球。守门员根据球碰触挡板迅速做出反应，并将反弹过来的球抓住（图 5-38）。抛球队员可以逐渐增加抛球力度，定时更换队员角色。

其他方案：①守门员面对挡板距离 5 米站立。1 名队员站在守门员侧后方，将球以抛物线轨迹抛到挡板上，守门员向前跑并在跳跃的最高点抓球（图 5-39）。②可以把球抛向挡板不同高度的位置。

图 5-38　挡板反应接球

图 5-39　挡板反应跳跃接球

第六章

室内五人制足球运动员体能和心理及康复训练

第一节　室内五人制足球运动员体能训练

一、体能训练概述

体能训练是指运动训练过程中，通过各种有效的身体练习方法，使运动员的形态机能和运动能力得到最大限度的发展。

提高运动员身体素质水平是体能训练的首要任务。身体素质是室内五人制足球运动员竞技能力的重要组成部分，是运动员身体能力水平高低的外在标志，直接影响运动员技术、战术的掌握程度和运用效果。随着世界室内五人制足球运动水平的迅猛发展，室内五人制足球比赛高速度、强对抗的特点，一天比一天突出，对运动员体能训练水平提出了更高的要求。加强体能训练、重视身体素质的提高已成为现代室内五人制足球体能训练体系中一个重要环节。

（一）体能训练的作用

（1）体能训练是确保运动员有机体适应大负荷室内五人制足球训练和比赛的保障。室内五人制足球的发展和完善对运动员身体能力提出了相应要求。据统计，一场高水平比赛，运动员奔跑距离为3000～5000米，冲刺50～80次。没有大负荷的艰苦训练，运动员则无法适应比赛的负荷要求。

（2）良好的体能训练为运动员掌握高难度技术动作创造了条件。体能训练的过程实际上是使运动员有机体各器官系统功能协调发展、具备室内五人制足球运动能力的过程。运动员完成技术、战术的效果与质量，正是其身体能力的外在表现结果。

（3）体能训练过程也是培养运动员意志品质的过程。身体水平的发展是运动员克服自身身体变化的一个极其艰苦的过程。这一过程对意志品质的影响非常深刻，它能使运动员产生对比赛成绩顽强追求的意志和克服困难的决心。

（4）高水平的身体能力所表现出的灵敏、协调和反应，对比赛中运动员减少和避免运动损伤具有重要作用。

（5）体能训练对延长运动寿命有着积极意义。长期系统的体能训练所获得的素质基础，是运动员保持良好竞技状态的重要体质保证。

（二）体能训练的要点

室内五人制足球运动员体能训练一般包括力量、速度、耐力、灵敏和柔韧5个方面。为了保证它们高效益且符合室内五人制足球比赛的需求，体能训练过程中我们必须考虑训练的针对性和互补性。为此应注意以下几点：

（1）体能训练安排要因时而异。体能训练内容、比重以及负荷动态发展，在不同的训练周期、阶段，都要根据训练的目的、任务及其他要求进行规划，以达到促进该周期、该阶段整体训练效果的目的。

（2）体能训练安排要因项而异。各项身体素质的训练都是依据其各自的生物学原理进行改造的过程，训练目的实现与否与选择的练习方法、设计的练习形式、制定的练习要求密不可分。如速度与耐力的供能方式不同，训练中所采用的方法就必须在时间、强度、组数等方面有所区别。否则，必然会因练习方法与目的的偏离而影响训练效果，甚至适得其反。

（3）体能训练安排要因人而异。运动员个体遗传及生长发育等因素的差异性，使每名运动员身体素质的发展表现出不平衡，由此造成了运动员各自的不同素质特点。因此，在身体训练安排上要充分考虑运动员的个体因素，如运动量的大小、要求的高低、内容的侧重等，从而使每名运动员身体素质发展取得最佳效果。

（4）体能训练应考虑将一般体能训练与专项体能训练结合。一般体能训练是指与室内五人制足球运动有间接关系的、与比赛场上竞技形式和特点没有直接联系的训练形式，比如，在跑道上的短距离冲刺跑、杠铃练习等。专项体能训练主要是指与室内五人制足球专项特点有着密切联系的专门性体能训练形式，如模拟场上快速前插情境所安排的起动速度、耐力练习等。一般体能训练是专项体能训练的基础，专项体能训练是确保专项技术、战术水平提高的必要条件。一般体能训练有助于专项特定素质基础能力的坚实发展，为运动员整体素质的发展奠定雄厚的基础，而专项体能训练对于提高专项特定素质具有不可替代的作用。

（5）体能训练安排应考虑各素质间的协调发展。运动生理学证实，运动素质之间存在互相制约、互相促进两方面的属性，任何一种运动素质的发展对其他素质都会产生影响，如果身体素质训练能考虑这些影响，并能促进这方面的属性，就能充分提高身体素质。如：发展腿部爆发力时，倘若练习方法、形式、要求等方面的设计科学合理，就能够在发展腿部爆发力的同时，也对速度、灵敏等素质的提高能产生良好影响，从而取得事半功倍的效果。

二、体能训练的内容与方法

（一）力量素质训练

力量素质是指人体或身体部分肌肉工作时克服阻力的能力。力量素质是发展各项素质的基础。

1. 室内五人制足球运动员力量素质的特点

在激烈快速的比赛中，运动员不仅要不断地克服身体重量和在身体惯性下完成各种跑、跳、急停、突起、转身、冲撞等动作，还要在快速的对抗中频繁而准确地完成踢球、停球、顶球、运球、射门等技术动作。这就要求运动员不仅要具有较好的一般性力量，还要具有良好的速度力量和耐力力量。因此，力量素质已成为衡量室内五人制足球运动员身体训练水平的重要标志之一。室内五人制足球运动员的力量素质应在发展全身力量的基础上，重点发展腿部和腰腹部力量。

室内五人制足球运动员主要用力的肌肉为腹直肌、腹外斜肌、髂腰肌、臀大肌、股四头肌、小腿三头肌、趾长屈肌等。

2. 室内五人制足球运动员力量素质训练的原则

（1）速度力量。

① 强度：本人最大练习强度的 75%～90%。

② 时间：5～10 秒。

③ 间歇：以完全恢复为宜。

④ 次数：每组 4～6 次。

⑤ 组数：3～4 组。

（2）耐力力量。

① 强度：本人最大练习强度的 60%～70%。

② 时间：15～45 秒。

③ 间歇：一般心率恢复到 120 次/分钟左右（45～90 秒）。

④ 次数：20～30 次。

⑤ 组数：3～5 组。

3. 室内五人制足球运动员力量素质训练的主要方法

（1）一般力量素质训练。

一般力量素质训练主要是发展爆发力基础素质和全身力量。常见的训练形式有利用器械和徒手两大类。

① 发展上肢力量的练习：单杠引体向上、双杠双臂屈撑、俯卧撑、杠铃推举、哑铃等。

② 发展腰腹力量的练习：仰卧起坐、仰卧快速屈体、俯卧背伸、俯卧撑收腹收腿、原地或行进间收腹跳、向后展腹跳、单杠悬垂举腿、悬垂双腿划圆圈、肩负杠铃体前屈、体侧屈、体转等。

③ 发展下肢力量的练习：双脚连续跳台阶、单腿交替跳台阶、立定三级跳、多级跳、多级蛙跳、向两侧跨跳、单腿连续跳、轻杠铃快速挺举、杠铃深半蹲、提踵、壶铃蹲跳等。

（2）专项力量素质训练。

专项力量素质训练的主要目的是发展与室内五人制足球比赛中各种动作运用方式有直接关系的力量素质。在安排专项力量训练课的基础上，练习内容应侧重于模拟比赛场上表现力量素质较为鲜明的动作形式，尽可能使负荷动作与场上动作在身体姿势、动作方向、幅度、速度等方面取得形式上的一致，这样更有助于提升专项训练的效果。在训练的过程中，教练员要根据比赛的实际和自身的特点，灵活设计出具体实用的练习方法。这里介绍一些主要的练习方法。

① 2 人一组的对抗练习。跑动中为争得控球权的合理冲撞、应用合理冲撞连续跳起争顶球、贴身紧逼、利用身体挤压动作抢断球与掩护运控球、运球与跑动中用脚抢断球、跑动中地面或跳起空中用肩部或胸部合理冲撞等。

② 负重练习。运动员可用负重沙袋进行跳起头顶球或大力踢球等。

③ 非对抗类力量练习。长距离大力踢球或踢超重的球、多球的连续跳起空中头顶球、多球的连续跳起空中敲（传）球等。

4. 室内五人制足球运动员力量素质训练的注意事项

（1）练习前充分做好准备活动，练习中精力集中，加强安全保护措施，预防伤害事故的发生。

（2）速度性力量和爆发性力量练习时应注意以下几方面。

① 应有相当的练习速度和强度，练习时间必须为 5～10 秒。

② 适当采取超负荷练习。这种练习负荷能迫使肌肉进行最大收缩，因而能有效提高运动中枢支配肌肉的强度，动员更多的肌纤维同时参与活动。

③ 不断递增负荷。随着力量增长，原有负荷已不再成为超负荷量时，要保持肌肉的刺激强度，就应加大负荷。

④ 爆发力练习对运动员神经系统的兴奋性要求很高。爆发力练习一定要安排在运动员身体状态良好时进行。

⑤ 注意与室内五人制足球专项技术的结合。在练习中应尽可能使负荷动作与场上队员身体姿势、动作方向、幅度、速度等方面取得形式上的一致，使队员完成专项身体和技术动作的肌群切实得到全面锻炼。

（3）讲求动作的正确性和协调性。正确的动作能提高骨杠杆的机械效率，使力量充分发挥，当动作的协调性得到提升，各肌肉之间的牵制作用则可以减弱。

（4）力量练习应保持经常性。一般每周不少于 2 次力量训练。实践证明，隔日进行力量训练的效果最好，所以每周应进行 3 次力量训练。

（5）力量练习后，应特别重视队员肌肉的放松，否则会使肌纤维失去弹性而影响训练效果。

（二）速度素质训练

速度素质是人体进行快速运动的能力。速度素质包括反应速度、位移速度和动作速度。

1. 室内五人制足球运动员速度素质的特点

现代室内五人制足球比赛攻防对抗速度快，运动员要在相当紧迫的时间、空间中完成各种攻防技术、战术动作，这也要求运动员必须具备良好的速度素质，从而提高运动员个人和整体进攻的威胁性和防守的可靠性，从而争取比赛的优势和胜利。快速的位移速度、良好的反应速度和动作速度是室内五人制足球运动员速度素质的特点。

2. 室内五人制足球运动员速度素质训练的原则

（1）强度：本人最大练习强度的 80%～95%。

（2）时间：3～5 秒（5～40 米）为宜。

（3）间歇：完全恢复（脉搏由 160 次/分钟下降至 80～90 次/分钟）后，再进行下一次练习。

（4）次数：6～8 次。

（5）组数：3～5 组。

3. 室内五人制足球运动员速度素质训练的主要方法

（1）一般速度素质训练。一般速度素质训练的主要目的是发展队员的基础速度。

① 发展位移速度的练习。10～20 米的计时跑、竞赛性接力跑或非竞赛性接力跑、20～30 米最大强度的重复跑、行进间的高抬腿跑、快速大步跑、后蹬跑等。

② 发展反应速度的练习。在不同身体姿态下进行练习，发展反应速度和起跑快跑能力。如根据比赛中可能出现的站立、仰卧、俯卧、背向、坐地、后退、转身、跳起等身体状态设置起跑姿势，以及听或看到信号后迅

速起动跑等。

③ 发展动作速度的练习。运用下坡跑、顺风跑、牵引跑等提高动作频率；运用短距离、方向不规则的绕过障碍或不绕过障碍的变向、变速跑提高运动员重心转换速度和快速变向跑能力。

（2）专项速度素质训练。专项速度素质训练是侧重发展与室内五人制足球技术、战术动作密切相关的素质，以促进一般速度向专项速度良好地迁移。专项速度素质训练最好的方法就是通过对抗来达到目的，这种训练最接近实战并带有综合性质。

① 发展反应速度和位移速度的练习。例如：2 名队员追抢、追射练习；完成各种技术动作后，马上快跑完成教练员制定的另一动作（如传球后，马上快跑冲刺头顶球或包抄射门等）；突然变速运球向前全力推进；各种有对抗或无对抗 2 过 1 配合后，快速运球突破或射门。

② 发展动作速度的练习。在 10 米×10 米方格场地内，多人，每人 1 球进行快速运、控球练习，要求根据其他队员活动情况及时改变运球方向、路线，避免与其他队员碰撞或球越出方格范围；2 人一组短距离快速接球、传球，计算队员 30～60 秒传接球的次数；多次传球练习，队员用脚或头依次将来自左右、前后的球迅速而准确地传、顶回去，计算 30～60 秒传、顶球的次数；计时，运球绕杆射门。

（3）综合素质速度训练。利用场上规律性较强的局部战术配合套路的演练，发展运动员专项速度素质，如前插、反切、摆脱、变速和变向与策应等；利用场上局部攻守练习，如 2 打 2、3 打 3，发展队员专项速度素质。另外，还有 30 米范围内 3 打 3 攻防练习，要求队员必须人盯人，抢到球就攻，丢掉球就抢，无球队员要积极地进行摆脱、接应、保护、补位。在局部较小范围内进行激烈的比赛对抗，不仅使队员起动、反应及动作速度得到全面的锻炼，而且对队员技术、战术能力的提高也能起到积极作用。

4. 室内五人制足球运动员速度素质训练的注意事项

（1）充分做好准备活动，尤其是下肢肌肉、关节、韧带等，以防拉伤、扭伤等。

（2）速度训练在身体处于最佳状态、神经系统高度兴奋时进行效果最好。因此，教练员要选择好练习时间和训练手段，激发队员训练的积极性。

（3）短距离起动冲刺的练习时间一般不超过 10 秒，因为这种高强度全速冲刺的过程主要是以 ATP-CP 系统供能。

（4）注意采用高强度的力量训练促使白肌纤维变粗，以便为速度素质提供物质基础。

（5）运用重复训练法进行速度训练时，练习间歇时间应充分，以避免机体在较长的速度训练中有乳酸堆积，从而改变供能特点。

（6）速度练习应注意结合爆发力一起进行。通常爆发力强的队员，速度素质更具有优势。

（7）反应速度是决定运动员起动速度快慢的重要因素。因此，起动速度练习应结合视觉、听觉，特别是视觉等各种条件信号刺激，把反应速度的练习融入起动速度练习中。

（8）速度练习应适当与技术、战术内容结合到一起进行练习，但技术、战术动作的难度不宜太高，对其要求也不能过高，最好采用简单且运动员已熟练掌握的一些技术、战术动作进行练习，将练习的着眼点放在发展速度素质上。

（9）由于不同位置的队员比赛中战术职责的不同，其奔跑距离也有差异，所以速度练习要考虑队员的位置特点。

（三）耐力素质训练

耐力素质是人体长时间肌肉工作的能力或对抗疲劳的能力。耐力分为有氧耐力和无氧耐力两大类。有氧耐力训练是一种较长时间且强度较小的活动方式；无氧耐力训练则是强度大时间相对较短的活动方式。室内五人制足球比赛时间长、运动量大，技术、战术多变，运动形势复杂多样，因此，良好的耐力素质是保证运动员在全场比赛中保持高速度对抗、完成各种攻防比赛活动的重要身体素质。

1. 室内五人制足球运动员耐力素质的特点

现代室内五人制足球比赛，运动员在净时 40 分钟的比赛时间内总跑动距离高达 4000 米，并要在快速激烈的对抗中完成大量的高强度冲刺和技术动作，这就决定了室内五人制足球运动员必须具有良好的有氧耐力和无氧耐力素质，有氧耐力是室内五人制足球运动员最基本的耐力素质，随着现代室内五人制足球比赛攻防节奏的加快，运动员高强度奔跑的时间、次数越来越多，无氧酵解供能的比例逐渐增大。因此，运动员的无氧耐力素质在比赛中的作用更加突出。因此，无氧耐力是室内五人制足球运动员重要的耐力素质。

2. 室内五人制足球运动员耐力素质训练的原则

（1）有氧耐力的训练原则。

① 持续训练法。

强度：低或中等强度，本人最大练习强度的 40%～60%。

时间：25 分钟以上。

间歇：无间歇。

距离：3000～5000 米。

② 小强度间歇训练法。

强度：脉搏达到 150 次/分钟为宜。

时间：15～20 秒。

间歇：有间歇但不完全恢复，一般脉搏恢复到 120 次/分钟为宜。

次数：8～40 次。

1 组即可。

（2）无氧耐力训练原则。

强度：本人最大练习强度的 80%～90%，脉搏为 180～200 次/分钟。

时间：20～120 秒。

间歇：不完全恢复，脉搏一般在 120 次/分钟左右。

次数：12～40 次。

组数：1～2 组。

3. 室内五人制足球运动员耐力素质训练的主要方法

（1）有氧耐力训练。有氧耐力训练的目的是发展运动员有氧氧化供能系统，而心输出量是决定最大摄氧量水平最重要的因素。因此，有氧耐力训练的本质就是提高运动员的心输出量。为此，在训练时间和安排上应以有效提高心输出量（心肌收缩力）为基本依据。

一般有氧耐力训练通常采用持续负荷法、小强度间歇法和个体乳酸阈训练法。持续负荷法包括长距离的匀速跑、越野跑、变速跑、段落跑、各种定时跑，如12分钟跑。小强度间歇法较持续负荷法连续跑动的距离短、强度稍大，练习中有一定的间歇，但这种间歇是不充分的，休息的方式是积极的，主要通过调整运动强度来达到间歇恢复的目的。如任意变速跑，利用自然地形快慢交替跑或慢跑5～8分钟、匀速快跑5～8分钟与走5分钟交替进行；间歇快跑，50米快跑与60米慢跑交替进行，总距离3000米。个体乳酸阈训练法是以个体乳酸阈值为强度标准，通常以血乳酸含量为2～7mmol/L作为有氧耐力练习的最佳强度，训练时采取运动员无氧阈速度的80%—85%—90%，分别做不间断匀速跑。

（2）无氧耐力训练。无氧耐力训练的主要目的是发展运动员在较长时间内保持大强度运动的能力，运动员无氧代谢水平的高低直接决定这一目的的实现与否，而决定无氧代谢能力水平的首要因素是运动员产生乳酸的能力和机体组织抗乳酸的能力。大强度和必要的持续时间是保证运动员产生高乳酸值的决定因素，它们也是无氧耐力训练中必备的条件。

间歇训练法是发展无氧耐力的有效手段。在运用这一方法时，掌握合理的运动时间、间歇时间及运动强度是获得良好训练效果的决定因素。

一般无氧耐力训练可采用400米间歇重复跑；（5～25米）×5折返跑；20～40米全速冲刺反复跑；变速跑，走→慢跑→冲刺跑；加速疾跑，在50～120米中慢跑→大步快跑→疾跑。

无氧耐力专项训练可结合比赛中的某些技术、战术动作进行练习。如采用中场快速运球或冲刺到前场射门，然后快跑回到中场原位；（15～25米）×5的快速折返运球、快速折返跑动铲球、快速折返跑动头顶球等。任何一种间歇训练方式，只要能满足产生高乳酸值这一要求，都可以在实践中采用。

4. 室内五人制足球运动员耐力素质训练的注意事项

（1）耐力训练是一项十分艰苦、枯燥的活动，因此，除激发运动员积极的训练动机外，在训练方法上也要注意趣味性。

（2）在发展有氧耐力的基础上，重点发展无氧耐力。应把有氧耐力与无氧耐力训练有机地结合起来。

（3）运动员身体素质具有个体差异，注意区别对待与遵循循序渐进的训练原则。

（4）耐力素质训练一般放在训练课的后半程为宜。

（5）无氧耐力训练应保证大强度、小间歇、必要的持续练习时间。

（6）无氧耐力训练是一种大强度活动，训练前做好准备活动和整理活动是避免损伤、确保正常训练的先决条件。

（四）灵敏素质训练

灵敏素质是指在突然变化的条件下，运动员能迅速、准确、协调地完成技术动作的能力，是各种素质的综合体现。室内五人制足球运动员要在快速、复杂、多变的比赛中准确判断场上的情况，迅速、果断地完成各种技术动作和战术配合，这就要求运动员具有较强的灵敏素质。

1. 室内五人制足球运动员灵敏素质的特点

室内五人制足球运动员在比赛快速激烈的对抗中，必须根据对手的情况迅速做出各种应答性的技术、战术动作来应付场上的各种情况。因此，室内五人制足球运动员所需要的灵敏素质是在比赛环境不断变化的情况下快速、协调采取行动的能力。灵敏素质主要体现为快速的应变能力和动作之间的协调性。

2. 室内五人制足球运动员灵敏素质训练的原则

强度：中等或中等偏上为宜，这样可使动作完成得轻松且协调。

时间：5～10 秒。

间歇：完全恢复或基本完全恢复。

次数：5～10 次为宜。

组数：3～5 组。

3. 室内五人制足球运动员灵敏素质训练的主要方法

室内五人制足球运动员的灵敏素质具有鲜明的项目特点，所以训练应结合室内五人制足球比赛的特点设计练习方式和内容。

发展灵敏素质应采用多种多样的练习。一般灵敏素质的训练可采用各种形式的滚翻、躲闪、晃动、急停急转、绕杆、翻越障碍物跑；追拍游戏；连续的变向跑或摆脱跑动；各种假动作模仿等。

专项灵敏素质训练应依据室内五人制足球技术、战术练习形式和特点，并结合球进行，如运球绕杆，绕过距离有序或距离不等的障碍物；有限区域躲闪运球；运球中做假动作晃动；各种形式 1 对 1 运球过人；连续快速地完成各种技术小组合练习等。

4. 室内五人制足球运动员灵敏素质训练的注意事项

（1）灵敏素质是多种素质的综合体现，同其他素质，特别是力量素质、速度素质均有依存、移植关系。训练时应同其他素质结合进行，但侧重点不同。

（2）应在身体状态好和神经兴奋性高时进行。一般安排在课的前半部分或准备活动中。

（3）灵敏动作练习时间短、强度大，属于典型的非乳酸无氧供能。所以动作过程应严格控制时间，并要求完成动作的速度。

（4）灵敏素质训练采用的方法应多样化，要突出游戏性、竞争性和趣味性。

（5）针对不同年龄阶段安排不同的灵敏素质训练比例。研究表明，11～12 岁是发展灵敏性最好的阶段。

（五）柔韧素质训练

柔韧素质是人体各关节活动的幅度及肌肉、肌腱和韧带的伸展能力。

柔韧素质对于室内五人制足球运动员掌握和提高技术动作，尤其是幅度较大、有一定难度的技术动作，以及发展其他素质和避免损伤都具有重要的作用。

1. 室内五人制足球运动员柔韧素质的特点

室内五人制足球运动员的柔韧性一般表现在机体主要关节活动的幅度

上，主要表现在室内五人制足球运动特殊需要的髋、腰、膝、踝关节活动的幅度上，它是运动员掌握和提高运动技术水平不可缺少的条件。因此，应特别重视对室内五人制足球运动员髋、腰、膝、踝关节韧带及腰腹和下肢肌肉的拉伸练习。

2. 室内五人制足球运动员柔韧素质训练的原则

强度：开始以中等强度为宜，最后可达80%以上。

时间：每次可控制为10～20秒，时间不宜过长。

间歇：完全恢复，可做积极的放松活动。

次数：5～10次。

组数：3～5组为宜。

3. 室内五人制足球运动员柔韧素质训练的主要方法

柔韧素质训练通常采用拉长肌肉、韧带和肌腱的方法，一般分为静力伸拉和动力伸拉两种。静力伸拉是缓慢用力拉长肌肉、韧带和肌腱，拉到一定程度静止不动。静力伸拉一般采用纵、横劈腿；跪坐踝关节；弓步，后腿膝关节跪地前压；单腿跪地，前腿伸直前压；单腿站立或后跪地，双手在身后握住另一腿，脚向后伸拉；体前屈双手触地或触双脚面；面向或背向肋木或台阶前、后压腿；平直仰卧，一条腿越过异侧腿向异侧侧伸等。

动力伸拉是通过有节奏的伸展或牵拉达到拉长肌肉、韧带的目的。动力拉伸一般采用前弓步、侧弓步振压；体前屈、体侧屈、体后屈振压；在肋木或台阶上进行的各种振动压腿；前踢腿，侧踢腿，后踢腿；脚尖、脚内侧、脚外侧行走；各种转体，腰部转动；向前、向侧面屈膝抬大腿；以膝关节为轴，小腿用力后踢、内踢、外踢；模仿或结合球进行的训练，如大幅度正摆踢球，侧身凌空传、射、倒勾踢球，挑踢悬吊在空中的高球，跳起展腹头顶球等。

4. 室内五人制足球运动员柔韧素质训练的注意事项

（1）柔韧练习前必须做好充分的准备活动，练习的幅度应由小到大，节奏由慢到快，循序渐进，练习后要注意放松，以保持肌肉良好的弹性。

（2）柔韧素质见效快，消退也快，应经常进行练习。练习时应考虑室内五人制足球技术动作的特点，只要能满足完成技术动作的需要即可，而不应以达到最大能力为目标。

（3）柔韧素质训练通常应安排在准备活动或整理活动中。训练应在身体状态较好、无伤病的情况下进行。

（4）从年龄阶段来看，年龄越小越容易发展柔韧素质，10～12岁时柔韧素质发展最快，故应坚持从小训练。

第二节　室内五人制足球运动员心理训练

一、心理训练的意义和作用

（一）心理训练的意义

室内五人制足球运动的训练必须将心理训练同身体训练、技术训练和战术训练相结合，这才构成了现代运动训练完整的体系。现代运动训练学研究证明，人的运动潜能发挥在于体力、技术和战术、心理因素的有机结合。换言之，人的心理因素影响着身体、技术和战术的发挥。现代室内五人制足球比赛，运动员身体、技术、战术水平日益接近，但由于心理素质不同，则表现出不同的竞技水平，在双方实力相当的角逐中，比赛胜利的天平往往向心理训练水平高的一方倾斜。高度发展的世界职业室内五人制足球运动更加注重比赛结果，这也使比赛攻防节奏更加快速，对抗更加激烈，从而使运动员在训练和比赛中的负荷量和负荷强度不断增加，心理负荷也在不断增大。运动员要在训练和比赛活动中镇定自如地面对巨大的心理负荷及心理压力，保持心理的稳定性，正常发挥技术、战术水平，这也要求运动员必须具有很强的心理素质。否则，即使运动员身体、技术、战术水平再高，也难以在比赛中取得优异成绩。因此，国内外一些专家认为，对人的心理潜力进行认真的、有效的发掘，是提高运动成绩的方法之一；运动员比赛成功的30%归功于心理因素；通过心理训练，运动训练效果能提高10%～15%。

（二）心理训练的作用

心理训练的作用主要在于使运动员的心理过程和个性心理特征更快地得到完善和发展，从而形成参加训练与比赛的最佳心理状态。

1. 促进运动员心理过程的完善

人的心理过程包括认知过程、情感过程、意志过程。极度紧张的训练和比赛要求运动员具有精确的运动感知觉和清晰的运动表象能力；具有很强的思维敏捷性和灵活性，以及快速的运动反应能力；具有将注意力长时间集中于或迅速转移及分配到特定对象上的能力。同时还要求运动员具有坚强的意志品质以克服训练和比赛中所遇到的各种困难，并能善于控制比赛中个体千变万化的情感体验，从而更好地进行训练和比赛。这些都必须通过有目的的心理训练得到改善。

2. 促进运动员个性心理特征的形成和发展

在训练和比赛极度紧张的状况下，运动员个性心理特征是决定其行为特点的最重要因素之一。现代室内五人制足球比赛对运动员个性心理特征提出的要求突出地表现为自信心、自控力强、情绪稳定、沉着冷静、勇敢顽强、独立果断。心理训练可有效地促进运动员与室内五人制足球比赛的要求和各位置特点相吻合的个性特征的形成和发展，对运动员形成和发展个人特长技术也有着重要的促进作用。

3. 促进运动员参加训练和比赛的适宜心理状态的形成

运动员的心理状态是训练和比赛所必需的最主要的心理机能的综合表现。运动员心理状态对训练和比赛活动的进行和结果都有很大的影响，比赛中取得的成绩很大程度上取决于运动员对心理状态的控制和自我调节。心理训练有助于培养运动员心理过程的稳定性，发展在极端紧张的情况下控制自我心理状态的能力，从而形成参加训练和比赛的适宜的心理状态。

二、心理训练的方法

运动员进行心理训练的具体方法很多，概括起来主要有三类：一是改善心理品质的训练；二是当运动员临场心理发生了异常变化时，需要进行心理调节；三是运动员学会控制自己，不受其他因素的影响，使自己保持最佳的竞技状态。

（一）改善心理品质的训练

1. 注意力集中训练

注意力集中分为瞬时集中和持久集中两种。这两种注意力集中对运动员充分发挥技术、战术水平，帮助队伍取胜均有重要作用。如一名运动员能在整场比赛中自始至终把注意力集中于比赛全过程，不受外界干扰而全身心地投入比赛活动，这是注意力持久集中的能力。又如射门一刹那或 1 对 1 抢断，运动员注意力集中于射门动作或对手身体重心移动的方向，这是注意力瞬时集中的能力。无疑，运动员这两种注意力集中的能力越强，完成技术、战术的质量越高。注意力集中训练可采用以下方法。

（1）教练员无论是在训练中还是在比赛的临场指挥中，或是赛后总结会上，语言都应准确、生动形象，并辅以手势，吸引运动员的注意力集中指向当前的对象，从而保持兴奋和注意力集中。

（2）教练员可采用一些游戏和竞争性活动，提高运动员的注意力集中能力。如“喊数抱团”游戏，在规定区域跑动的运动员听教练员突然喊出的数字，立即与邻近的同伴按所喊出的数字抱成一团；动作模仿游戏，运动员迅速模仿教练员突然做出的各种动作；视觉信号反应游戏，根据教练员突然发出的视觉信号，将球向上、下、左、右抛掷；运动员根据事先规定的信号含义快速做出动作。

（3）结合技术、战术训练提高运动员的注意力集中能力。如 6～8 名队员在中圈线上等距站好，队员之间利用 2 个球做脚内侧一次性传球练习，要求 2 个球既不能相互碰撞，又不能同时传到一个队员脚下，也不能传出线外；2 人 2 球脚内侧传球，相距 5～8 米，2 人同时向对方传球，要求最多 2 次触球，既不能让 2 个球碰撞，也不能让 2 个球同时停留在一个人脚下或越出传球范围而中断练习。

（4）视物法。选择一个目标物，如足球，让运动员仔细观察几秒后，闭目想象足球的形象；然后提出不同的观察要求，让运动员反复观察、想象。如此反复练习，直到头脑中清晰地回忆出被观察物体形象为止。

（5）视觉守点法。注意手表秒针转动，注视时间从60～90秒到180秒逐渐增加，能持续注视5分钟不转移注意力为佳。每次练习重复3～4次，间隔10～15秒。白天、晚上临睡前各练1次。

（6）教练员发令法。以勉强能使运动员听清楚的声音发出命令，让运动员复述命令或执行命令，但练习时间不超过3分钟。

2. 注意力范围（视野）训练

室内五人制足球比赛参赛人数较多，场地较大，运动员注意力的范围越大，瞬间获得场上的信息越多，对场上情况则越清楚。这对运动员合理、准确采用技术、战术行动相当重要。注意力范围训练可采用以下方法：

（1）半场或全场人盯人传抢。要求1次或2次接控立即出球，或采用3次短传后，1次中长传球得1分的练习规则进行传抢，迫使运动员扩大注意力范围，并养成先远后近的观察习惯，从而使运动员对比赛的情况一目了然。

（2）半场2对2或3对3攻防球门或攻防踩底线练习。这种练习扩大了运动员攻防的目标和范围，必然促使他们对多个攻防目标进行选择，扩大注意力的范围。

（3）分区人盯人转移传抢。场地分为A、B两区，甲、乙2队各4人，每队2人在指定的A区内、2人在指定的B区内进行盯人传抢，不得越区作业。甲队或乙队一旦将球从地面或空中传到相邻区域内的同伴脚下控球则得1分，经常进行这种练习，可扩大运动员在比赛中的注意力范围。

3. 注意力分配训练

现代室内五人制足球比赛中，运动员要在很短时间内同时完成多个技术、战术动作，这就要求运动员要将注意力进行合理分配，以保证技术、战术动作同时顺利完成。注意力分配训练可采用以下方法。

（1）运动员在各种跑动或运球中观察教练员的手势或信号，并根据信号意思改变跑动方向、速度或变换控球方式。

（2）运动员在中圈等距站立，多球，进行一次性传球练习、2人双球连续传球练习等，这一练习也可有效提高运动员注意力分配的能力。

（3）在传球、运球过人突破、射门练习中，要求运动员注意观察同伴或防守对象的活动情况、守门员移动的位置。

（4）1对1、2对2、3对3攻防或1对1掩护控球练习。要想取得良好的攻防效果，不管是攻方还是守方都必须人球兼顾。

4. 深度视觉训练

深度视觉是指正确估计个体间距离的能力。这一训练对室内五人制足球运动员距离、空间的准确判断有重要作用，直接影响运动员传球、射门的效果。

深度视觉训练可采用让运动员目测足球场上各目标的纵向距离和多个目标的横向间隔距离的练习；不同目标、距离、角度的定点传球、射门练习；越过障碍物或人墙的传球、射门练习等。

5. 意志品质训练

意志品质是人们为了达到既定目的在行动上所表现出来的自觉克服困难的心理过程。现代室内五人制足球比赛对抗激烈、竞争性极强，运动员在比赛中要承受巨大的心理负荷和生理负荷，因此每一项技术、战术动作的完成和实现均需运动员付出很大的努力。积极主动、勇敢顽强、百折不挠、较强的自控能力是室内五人制足球比赛对运动员意志品质方面提出的要求。意志品质训练可采用以下方法。

（1）意志品质的培养最好是结合技术、战术、身体训练课或不同形式的综合训练课等。训练中教练员对运动员意志品质方面提出不同的要求，如1对1运球过人突破射门；2对2攻防小球门；超长时间或等数与不等数的分组攻守对抗训练。这些均是培养运动员意志品质的有效方法。

（2）利用场地、气候等不利的环境进行训练或比赛，这也是培养运动员意志品质的有效方法之一，如在高温、高寒等恶劣的环境中进行训练和比赛。

（3）在身体疲劳的情况下，运动员仍然坚持完成训练和比赛任务，特别是能咬牙坚持完成规定的定量指标的大负荷、大强度训练。运动员这种不怕苦、不怕累的精神，本身就是意志品质的体现。

（4）抗干扰训练。运动员在室内五人制足球比赛中不可避免地会受到外界的各种干扰，如裁判员的错、漏判，甚至反判；对手有过大动作的防守、报复性动作或不礼貌的语言；队友的频频失误和教练员、队友的指责；观众大声地叫喊、嘘声、辱骂性语言，甚至扔石块、饮料瓶等。在平时的训练和比赛中，教练员要抓住以上出现的各种情况，及时给予运动员正确的教育和引导，规范和约束个人的言行，要求运动员掌握自我调节心理的方法，善于控制自己的情绪，以积极的态度和稳定的情绪对待所发生的一切，从而保证自己技术、战术水平的正常发挥。

（二）心理调节训练

在室内五人制足球比赛中，运动员常常因各种环境条件的影响而导致心理活动的变化。例如，冠亚军争夺战的前夕、争夺决赛名额的关键场次、点球决胜负的关键时刻、主罚禁区附近的关键任意球、比赛中火爆的对抗气氛、对手过激的语言或动作、观众的情绪等，这都会给运动员的心理带来一定的影响，这就需要对运动员进行心理调节训练。训练的方法有下列几种。

1. 表情调节法

情绪状态与外部表情有着密切联系，我们可以通过改变外部表情的方法而相应地调整自己的情绪状态。当感到过分紧张时，有意识地放松面部肌肉或双手搓面部。当心情沉重、焦虑或情绪低落时，有意识地做出笑脸或想自己最高兴的某件事。

2. 音乐调节法

音乐能使人产生兴奋、镇定、平衡等情绪。运动员赛前如果有异常的情绪表现，如过分激动、紧张等，听一曲节奏缓慢、平缓的轻音乐，往往能获得调节情绪的良好效果。

3. 呼吸调节法

呼吸调节法即通过深呼吸可以使情绪波动稳定下来。情绪紧张或激动时，采用缓慢的呼气和吸气可放松情绪；情绪低沉时，采用长吸气与有力的呼气来提高情绪的兴奋性。

4. 暗示调节法

暗示调节法是用语言、思想或表情对情绪施加影响的方法。“默念”是一种很好的自我暗示方法，如临比赛前心里反复默念“我要镇定”“我完全相信自己的力量和技术”“我一定要射进一个球”“我一定不让对手突破或攻破我把守的球门”等。

5. 注意力调节法

注意力调节法是运动员用转移注意力来调节心理活动的方法，即有意识地改变和调节注意力的指向性，使运动员注意力集中指向有积极作用的事物上去。如运动员想到对手实力强大而感到怯场或恐惧时，就想一想过去与强队交手时的成功比赛；罚点球的队员害怕罚不中而产生紧张情绪时，就想一想自己以往成功的罚球。多想那些成功的场面和有把握的动作可增强运动员的自信心，使情绪稳定下来。关于这一点，教练员应特别注意在比赛前的训练中提高运动员完成动作的成功率，在大赛前进行热身赛时，最好选择与本队实力水平相当或稍弱的球队作为热身赛对象，这对稳定运动员参加正式比赛时的情绪具有重要作用。

除上述心理调节方法外，还有其他一些方法，如比赛前让运动员排除小便（排尿法），运动员会产生轻松愉快感，并能使心理和肌肉放松；比赛前教练员对运动员的称赞、忠告等，也能用来调节运动员的情绪。

三、心理控制训练

心理控制训练是指提高运动员自我控制能力的训练。心理调节训练法是提高自我控制能力的有效途径之一。除此之外，提高运动员的自我控制能力，还可采用下列几种方法。

1. 自我暗示和放松训练

自我暗示和放松训练是以一定的“套语”进行自我暗示和引导，促使肌肉放松，并在肌肉放松后采用一定的“套语”进行自我动员，重新振奋精神的心理训练方法。

自我暗示和放松训练可在比赛前后或中场休息时进行。练习时首先调节呼吸，使自己安静下来，暗示语可用“我的呼吸是安静的”或“我的呼吸舒畅自如”“我的心跳安静而有节奏”等；然后是逐级放松肌肉，可由上向下或由下向上进行，暗示语可用“我某部位的肌肉完全放松了”或“我全身的肌肉都放松了”“我感到全身轻松无比”等；放松练习结束，进入热感练习，暗示语可用“我的某部分是温暖的”等，并想象自己身体的某部位或全身正浸泡在热水里或春天的阳光晒在身体某部位；最后进入动员练习，暗示语可用“我休息得很好、我感到精力充沛、全身积蓄了力量、我很想马上投入比赛……”在做完动员练习的1～2米内做几节准备活动，运动员便可出现积极状态，从而精力充沛地参加比赛。

2. 生物反馈训练

生物反馈训练是借助现代化仪器把运动员机体的生理信息传递给运动员，使其经过反复练习，学会调节自己生理机能的训练方法。

生物反馈训练具体方法是：借助电子仪器（肌电仪、心率仪等）的反馈信息让运动员知道自己在训练中的各种生理过程的变化，如肌电变化、心率的快慢、血压的高低等，进而把这种生理变化与自己的感知觉联系起来，从而让运动员感受肌肉用力，促进动作技能的形成，从而让运动员学会控制自己的生理活动，消除紧张、恐惧和焦虑等不良情绪。

3. 念动训练（想象训练）

念动训练是在思想上完成动作的训练。念动训练是形成、巩固和强化技术、战术的心理训练方法。运动员在反复进行思维表象时，同时引起相应动作部位的肌电活动，从而起到训练的作用。

念动训练具体做法是：运动员在安静和放松的情况下，根据训练的要求，集中注意力在头脑中唤起实际练习的技术动作和战术配合，或想象自己完成某一动作的最佳方式，多次重复。如运动员想象自己正在罚点球、正在进行 2 过 1 配合或运球过人突破射门等。念动训练时若适当配合一定的默念套语，并与身体练习相结合则效果更好。10 次念动配合 5 次练习进行训练效果最佳。

4. 模拟训练

模拟训练是将训练安排在与比赛条件相似的环境下进行的一种训练方法。模拟训练可预防运动员比赛前不良心理状态的发生（如比赛前紧张），提高运动员心理稳定性和应变能力。

模拟训练的内容包括对比赛中生理负荷、心理负荷水平的模拟，技术、战术以及比赛环境的模拟等。

模拟训练的方式有现实模拟和语言图像模拟。现实模拟包括模拟对手可能采用的技术、战术，场上作风，可能出现的意外情况，比赛地点的气候，时差，场地，观众的倾向性等。比如，为了备战土库曼斯坦亚洲室内运动会与最强对手乌兹别克斯坦队的小组赛，中国室内五人制国家队出访克罗地亚，与和乌兹别克斯坦队技、战术打法和战斗作风较为相似的欧洲球队进行比赛就是一种现实模拟。语言图像模拟是利用词语和图像来描述实际比赛的情景、对手行为和自己的行动等，如图片、录像、电影等。在这些具体形象的刺激下，运动员大脑神经系统可进行联想活动，从而形成对比赛情景的先期适应，有利于运动员比赛的心理稳定，以取得预期的比赛成绩。

第三节　室内五人制足球运动员康复训练

一、疲劳与消除疲劳的方法

（一）疲劳的分类

1. 精神疲劳

精神疲劳是由精神活动造成的一种疲劳状态。主要症状有注意力不集中、记忆力障碍、脑力活动迟钝、行动不准确等。

2. 身体疲劳

身体疲劳是由身体活动或肌肉活动引起的。身体疲劳常因活动种类的不同而产生不同的症状，如局部或全身的疲劳、关节僵硬、肌肉酸痛和手脚肿胀等。

将以上两种疲劳截然分开是很困难的。在运动过程中，过度的身体活动可以产生精神疲劳，而过度的精神紧张也可以导致身体疲劳。如在室内五人制足球比赛中，由于运动员对抗争夺激烈、需要敏捷的反应、精神压力大，加上舆论的压力、对比赛重要性思考过度等因素，会导致动作僵硬和变形。因此，在室内五人制足球比赛中运动员精神和体力的消耗都很大，两方面的疲劳往往同时存在。

（二）消除疲劳的方法

现代运动训练把消耗与恢复看作一个过程，在强调以物质与能量代谢理论为中心的同时，结合疲劳与恢复的理论，加速运动员机体对负荷的适应。当前国际运动训练认为恢复占训练竞赛效益的 50%。由于现代室内五人制足球训练与比赛的负荷越来越大，运动员在赛季始终需要保持良好的身心状态，这也对消除运动员机体疲劳提出了更高的要求。

1. 科学训练与教练员的作用

运动员都期望教练员尽可能有知识、有经验，以便安排适宜的训练来激发自己的潜能。教练员应坚持消耗与恢复同步平衡的原则，把恢复作为训练计划的一部分。对于恢复而言，让队员了解做法和依据是教练员的主要工作。应鼓励队员有良好的饮食和睡眠习惯，重视每一次训练后的整理和放松活动。教练员应该清楚，如果没有这些疲劳反应，说明训练没有产生刺激，负荷过小，那么充足的恢复是不存在的。然而教练员还需避免过度训练。

2. 物理方法

（1）按摩。按摩是帮助运动员放松和恢复常用的手段，主要目的是促进身体和肌肉进入放松状态，改善血液循环和扩张血管，消除代谢产物。除此之外，还有止痛和镇静的作用。第 1 次按摩应在比赛或训练之后 20 分钟进行，如果配合桑拿浴和水浴，效果会更好（一次有效完整的按摩应在放松或水浴后 10～15 分钟进行）。第 2 次按摩最好是在比赛或训练后的 2 小时进行，睡觉前也可进行按摩。

按摩的方法有很多，一般运动按摩和保健按摩的手法均可根据具体情况施用于不同部位。按摩时以揉捏为主，先按摩大肌肉，后按摩小肌肉；一侧按摩完以后再按摩另一侧。可用按压法按摩大腿的肌群，使肌肉放松。按摩时还可运用搓、抖、叩等手法，配合穴位按压可加强效果。

（2）水疗法：①热水淋浴。②热盆浴。热水浸泡 15～20 分钟，四肢做缓慢的运动。③水漩涡。利用水快速流动时产生的压力进行水下按摩。④用高压力的水气做按摩。⑤冷、热水交替淋蒸浴，起振奋作用。

（3）桑拿浴。桑拿浴的目的是消除代谢产物，但在剧烈的训练之后不要马上做，因为那样会使身体进一步脱水，增加电解质流失，加快心率，由此增加身体的应激反应。正确的桑拿浴应在训练后一段时间进行，每次 9～12 分钟，重复 3 次。蒸桑拿浴时，可短时间交替使用冷、热水，这种冷、热水交替法的主要目的在于降低运动中的代谢产物，排除乳酸。热可以刺激肌肉放松，促进血管舒张，消除紧张，增强血液循环；冷可以缓解疼痛，消除肿胀。热还可以刺激血液渗透进入皮肤和肌肉，冷则迫使血液进入皮肤深层，帮助清除深层的代谢产物。

（4）轻微运动。剧烈运动后做一些伸展或慢跑运动，能使肌肉中的血流增加，有助于消除乳酸。赛后 24 小时内合理安排适量的活动，比单纯静躺休息更容易消除疲劳。

3. 抗疲劳的药物补充

大运动负荷训练会造成体内蛋白质、维生素及微量元素的过量消耗，而仅依靠自身饮食获取的能量很难保持身体训练水平，可用我国民间流行的甲鱼熬汤滋补身体。甲鱼含有丰富的蛋白质，但并不是抗疲劳的灵丹妙药，如果掺杂一些中草药，对于促进体力恢复则能起到一定作用，具体应用时应遵医嘱。

剧烈运动或比赛后，适当地找运动员谈心、开小结会等都是行之有效的帮助运动员缓解压力、消除疲劳的方法。在连续的训练或比赛期间，通过看电影或演出，参加音乐会和游艺活动来转移注意力，也能起到放松身体的作用。每位运动员都应该学会 1～2 套心理放松的方法，这对放松身心和调整心态是大有好处的。

消除疲劳与运动后的恢复是既有区别又密切联系的两个概念。消除疲劳只是运动后恢复的内容之一。除此之外，运动后的恢复还包括伤病处理、营养的补充、充足的睡眠等。

二、常见运动型疾病预防与处理

在训练和比赛中，运动负荷超过了运动员所能承受的生理、心理限度引起机能紊乱和病理变化而导致的各种疾病，称为运动型疾病。

（一）过度训练

过度训练是指运动员在训练和比赛中，由于疲劳的连续积累而导致机体出现功能紊乱或病理状态。

1. 征象

过度训练的征象是多种多样的，涉及各器官系统。主要征象有如下几类。

（1）神经系统。早期或轻度患者主要表现为一系列的神经症状、生理障碍，如身体软弱无力、倦怠、精神不振、无训练欲望甚至厌烦训练，心理上有压抑感且缺乏信心。有的运动员表现为情绪波动较大，爱激动和发脾气，或反应迟钝，对周围事情淡漠健忘，注意力不集中等。大多数过度训练的运动员都有不同程度的睡眠障碍，如失眠、多梦、易醒，少数有困倦或嗜睡现象。其他的征象还表现为头痛、头昏、记忆力减退、工作能力和运动水平下降等。

（2）心血管系统。运动员常见症状有胸闷、心慌、气短、心前区不适，以及心律不齐、血压增高且不稳定、血红蛋白下降、恢复期延长等。值得注意的是，过度训练的运动员一般都伴有免疫球大量降低，因而对疾病的抵抗力下降。

（3）呼吸系统。呼吸系统方面，过度训练的运动员主要表现为呼吸功能下降，肺通气量减少，呼吸频率加快，耗氧量增加，最大摄氧量降低，运动后氧债增加。

（4）消化系统。过度训练的运动员往往都有体重明显下降的现象，这是由肠胃功能紊乱、食欲下降、消化不良、恶心、呕吐、腹胀、腹泻或便秘等引起的。

另外，过度训练还会出现明显的肌力减退、协调能力下降等情况，一般会出现蛋白尿，甚至血尿，并发运动器官的局部劳损等。

2. 原因和发病原理

（1）原因。①训练缺乏科学性，未遵循循序渐进和系统性原则合理安排运动负荷。在持续大运动负荷训练中，缺乏必要的间歇或节奏，引起身体的过度疲劳。②训练中缺乏全面的身体训练和心理训练，训练手段单调枯燥，长此以往会使运动员感觉乏味、局部负荷过大，产生生理和心理的过度疲劳。③患病或伤病后未痊愈，生理上和心理上没有足够的准备便参加大强度的训练或比赛。机体疲劳后又没有采取有效的恢复措施，使疲劳产生积累。④生活规律的改变，环境、气候的变化，睡眠不足、营养不良等都可导致身体机能下降，导致疲劳过度。

（2）发病原理。过度训练的发病原理目前学界尚有不同的看法。一些人认为，由于疲劳的连续积累，使神经系统功能紊乱，破坏了原有的动力定型，从而引起各器官系统的机能失调；另一些人认为，是神经体液调节机制上的紊乱，或机体内应激系统发生一定的“衰竭”所致。还有人认为，过度训练不仅使机能紊乱，还存在着运动器官和内脏器官的病变学变化和组织学变化。

（二）运动中的腹痛

运动员在训练和比赛中，因生理和病理原因而发生的腹部疼痛症状称为运动中腹痛。室内五人制足球运动中较常见的是肝脾瘀血、胃肠痉挛和膈肌痉挛导致的腹痛。

1. 征象

一般由呼吸肌痉挛或活动紊乱而引起的腹痛，疼痛的性质多为锐痛，疼痛部位以肋部和下胸部为多。由肝脾瘀血肿胀而引起的腹痛，性质多为钝痛、胀痛或牵扯性痛，部位在左腹部。由胃肠痉挛或功能紊乱而引起的腹痛，性质为钝痛、胀痛甚至绞痛，一般在肚脐周围。另外，运动性腹痛的程度与运动负荷的大小成正比，强度小、较慢速度运动时，疼痛不明显；随着运动负荷的加大，疼痛逐渐加剧。

2. 原因

运动中腹痛的发生往往与下列因素有关：缺乏训练或训练水平较低，准备活动不充分，过度紧张，饭后过早地参加运动，运动前吃得太饱，或吃了较难消化的食物，使胃肠充盈、饱满，在剧烈的运动中受到牵扯引起胃肠痉挛。空腹运动时，胃酸或冷空气对胃的刺激也可引起胃痉挛。运动中呼吸与动作之间的节奏配合不良，呼吸急促、表浅，使呼吸肌的收缩过于频繁、紧张，引起膈肌痉挛。此外，运动的速度和强度突然过快或过大，以致内脏器官和心肺功能满足不了肌肉工作的需要，也可引起腹痛。腹内的某些疾病，如肝炎、胃炎、肺炎、肠炎、胆结石、胆囊炎等也可引起运动中腹痛。

3. 处理

（1）对运动中出现腹痛的运动员要慎重对待，首先要了解腹痛的性质、部位。根据腹痛的部位与运动负荷的关系判断腹痛是由疾病引起的，还是由与运动有关的生理原因引起的，从而做到有的放矢。

（2）出现腹痛时应立即降低负荷强度，适当减慢速度，调整呼吸和动作节奏，用手按压疼痛部位，如果无效或疼痛加重，应立即停止运动，请医生诊治。

（3）对疾病引起的腹痛应根据原发疾病进行相应的治疗。

（三）肌肉痉挛

肌肉痉挛俗称抽筋，是指肌肉发生不自主的收缩反应。室内五人制足球运动中运动员小腿腓肠肌和大腿后群肌肉发生痉挛较为常见。

1. 征象

痉挛的肌肉僵硬、剧烈疼痛、肿胀，运动员的运动能力和柔韧性降低，肌肉痉挛所涉及的关节功能也会发生一定的障碍。

2. 原因

（1）肌肉疲劳。长时间或大强度的运动训练会引起肌肉结构损伤，肌肉的血液循环和能量物质代谢发生改变，肌肉中大量的乳酸和代谢废物堆积，肌肉收缩与放松不能协调地交替进行，从而引起肌肉痉挛。

（2）电解质和水丢失太多。运动中大量排汗，特别是在高温条件下长时间剧烈运动，使电解质从汗液中大量丢失，肌肉的兴奋性增高，发生肌肉痉挛。

（3）其他因素的刺激。肌肉受到寒冷刺激，兴奋性会增强，易使肌肉发生强直性收缩。肌肉突然受外力的猛烈撞击等，也会产生强烈收缩而引起痉挛。

3. 处理

一般肌肉痉挛只要向相反的方向牵引痉挛的肌肉，痉挛即可缓解或消失。牵引时用力宜缓慢、均匀，切忌用暴力，以免肌肉拉伤。大腿后群肌肉、小腿腓肠肌痉挛，可尽力伸直膝关节，用力将踝关节充分背伸，尽可能拉长痉挛的肌肉。缓解后，配合局部按压、揉捏、点掐、针刺有关穴位等，效果会更好。

三、常见运动损伤的预防与处理

运动损伤的初步急救非常重要，处理得当可以大大减少以后的并发症，加快损伤的痊愈，从而使运动员较快地恢复健康。若急救处理不当，轻者会加重伤情，发生感染，延长治愈时间；重者可能留下残疾。因此，教练员和运动员掌握一些运动损伤的急救方法非常必要。

（一）挫伤

肌体某部位受钝性外力作用，引起该处及其深部组织的闭合性损伤，称为挫伤。室内五人制足球运动中队员之间经常相互碰撞，十分容易发生挫伤，最常见的部位是大腿的股四头肌、小腿前部的骨膜和小腿三头肌。此外，腹部、上肢、头部的挫伤也时有发生。挫伤后，以疼痛、肿胀、皮下出血和功能障碍等症状为主。

受伤后应立即进行局部冷敷，外敷新伤药，适当加压包扎，并抬高患肢，以减少出血和肿胀。股四头肌和小腿后群肌肉的严重挫伤多伴有部分肌纤维的损伤或断裂，组织内出血伴有休克症状，应仔细观察呼吸、脉搏等情况，休克时应首先进行抗休克处理，使受伤队员平卧休息、保温、止痛、止血，疼痛剧烈者，可给肌肉注射杜冷丁，并立即送医院诊治。

（二）擦伤

机体表面与粗糙的物体相互摩擦而引起皮肤表层的损害，称为擦伤。主要征象为表皮剥脱，有小出血点和组织液渗出。一般较轻、较小的擦伤，可以用生理盐水或其他药水冲洗伤处，涂抹红药水或紫药水，不需包扎，一周左右即可痊愈。面部擦伤要涂抹 0.1%新洁尔溶液。较大的伤口较易感染，需用碘酒或酒精在伤口周围消毒，如果创面嵌入砂砾、炭渣等，应用棉球蘸生理盐水轻轻刷洗，消除异物，消毒后撒上云南白药或纯三七粉，盖上凡士林纱布，适当包扎。若没有发生感染，两周左右即可痊愈。关节周围的擦伤，在清洗、消毒后，最好用磺胺软膏或青霉素软膏等涂敷，否则会影响活动，并容易重复破损。

（三）拉伤

肌肉受到强烈牵拉所造成的微细损伤、部分撕裂或完全撕裂，称为拉伤。室内五人制足球运动中，运动员大腿后群肌肉、小腿后群肌肉和大腿内侧腹股沟肌肉的拉伤最为常见。拉伤后会出现局部疼痛、压痛、肿胀、肌肉发硬、痉挛、功能障碍等症状。如果肌肉断裂，伤员受伤时多有撕裂感，随之失去控制相应关节的能力，可在断裂处摸到凹陷，凹陷附近可摸到异常隆起的肌肉断端。

拉伤后应立即采用氯乙烷镇痛喷雾剂等进行局部冷敷，加压包扎，并把患肢放在使受伤肌肉松弛的位置，以减轻疼痛。肌纤维轻度拉伤及肌肉痉挛者，用针刺疗法会取得显著疗效。肌肉、肌腱部分断裂或完全断裂者应在局部加压包扎、固定患肢后，立即到医院诊治，必要时还要接受手术治疗。一般拉伤 48 小时后才能开始按摩，但手法一定要轻缓。

（四）撕裂伤

撕裂伤是指受物体打击而引起的皮肤和皮下组织出现规则或不规则的裂口，有不同程度的出血和污染，如争头球时头部相互碰撞发生的眉际撕裂伤等。处理时，轻者可先用碘酒或酒精消毒，然后用云南白药或其他药物止血，再用消毒纱布覆盖，并适当加压包扎。如果不能止血，应尽可能在靠近伤口处缝以止血带，随即送医院治疗。伤口较大、较深、严重较污染时，应及时送医院进行轻创缝合手术，并口服或注射抗生素药物预防感染，并按常规注射破伤风抗霉素。

（五）关节扭伤

关节扭伤是指关节发生异常扭转，并导致关节囊、关节周围韧带和关节附近的其他组织结构损伤。关节扭伤后，关节及周围出现疼痛、肿胀，有明显的压痛感觉和关节活动障碍。急救处理时，应仔细检查韧带是部分撕裂还是完全断裂，关节是否失去功能，以冷敷、加压包扎或固定关节为主，并外敷活血止痛的药物。受伤严重时应立即送医院做进一步的诊治。室内五人制足球运动中，踝关节和膝关节的扭伤最为常见，踝关节扭伤后立即用拇指压迫痛点（即韧带损伤处）止血，同时进行踝关节强迫内翻和抽屉试验以明确韧带是否断裂。较轻的损伤或少部分断裂的韧带损伤可用胶带支持固定并以弹力绷带包扎。如果怀疑是韧带断裂，最好用海绵垫或较大的棉垫做压迫包扎。包扎时，应与受伤时的方向相反，如踝内翻损伤，应在外翻位置包扎固定，然后送医院进一步诊治。膝关节扭伤后，首先应仔细检查，以了解受伤的确切部位和受伤的程度。膝关节侧向运动试验、抽屉试验、麦氏试验，分别可以检查膝关节内、外侧副韧带，前后十字韧带以及内、外侧半月板的受伤情况。膝关节急性损伤后，应立即用氯乙烷镇痛喷雾剂等进行冷敷，为避免受伤加重，一般采用棉垫或橡皮海绵加弹力绷带压迫包扎，抬高患肢。24 小时后可打开包扎，若出血已停止，可采用重复外敷、理疗、按摩等手段帮助恢复。凡韧带发生断裂或半月板严重损伤时，应尽快送医院进行手术治疗。

（六）关节脱位

关节面失去正常的联系，称为关节脱位。关节脱位时，一般伴有关节囊撕裂，关节周围的软组织损伤或破裂。在室内五人制足球运动中，肩锁关节、肩关节及肘关节的脱位较为常见。关节脱位后，受伤关节疼痛，有压痛感和肿胀，关节功能丧失，受伤的关节完全不能活动，出现畸形，关节内发生血肿。如果复位不及时，血肿会恶化而发生关节粘连，增加关节复位的困难。如果不具备修复技术，关节脱位后不可以做修复回位的手术，以免加重损伤，应立即用夹板和绷带在脱位所形成的姿势下固定伤肢，随即送医院治疗。肩关节脱位时，取三角巾两条，分别折成宽带，一条悬挂前臂，另一条绕过伤肢上臂，于肩侧腋下缚结。肘关节脱位时，用铁丝夹板弯成合适的角度，置于肘后，用绷带缠稳，再用小悬臂带挂起前臂，也可直接用大悬臂带包扎固定。

（七）骨折

骨的完整性遭到破坏的损伤叫骨折。骨折分为闭合性骨折和开放性骨折。闭合性骨折即骨折处皮肤完整，骨折端不与外界相通；开放性骨折即骨折端穿破皮肤，直接与外界相通，这种骨折容易感染，可发生骨髓炎与败血症。复杂性骨折即骨折断端刺伤了血管、神经等主要的组织与器官，发生严重的并发症，还会出现危及生命的一些症状。在处理骨折时应按以下的原则与方法进行：

（1）如有休克和大出血等危及生命的并发症，首先要防止休克和止血，给予伤员较强的止痛药物，让伤员平卧保暖，针刺伤员人中等，这时可以采用简单的止休克措施。止血多采用止血带和压迫法。

（2）骨折固定前尽可能不移动伤肢，以免增加伤员的痛苦和伤情，应尽快固定伤肢，限制骨折断端的活动。大腿、小腿和脊柱骨折应就地固定。

（3）对有伤口或开放性骨折的伤员，首先要止血，用消毒巾或纱布包扎后，尽早送医院治疗。对已暴露在伤口外的骨折断端，先不要放回伤口内，以免引起感染，也不可任意去除。

（4）使用固定用具时，长短宽窄要合适，长度需超过骨折部位的上下两个关节，夹板与皮肤之间要有垫衬物固定，先固定骨折部位的上面和下面，再固定两个关节。

（5）伤肢固定后要注意保暖，检查固定是否牢靠。四肢固定时要观察肢端是否麻木、疼痛、发冷、苍白或青紫，如出现这些情况则说明包扎过紧，必须放松一些。

第七章

室内五人制足球竞赛规则

第一节　比 赛 场 地

比赛场地及场地度量

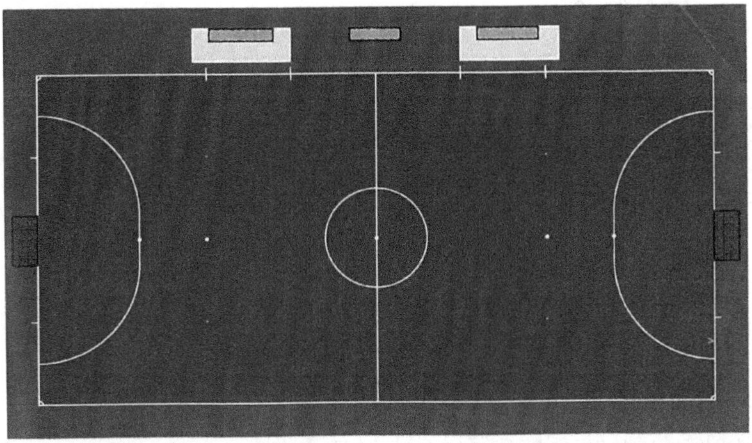

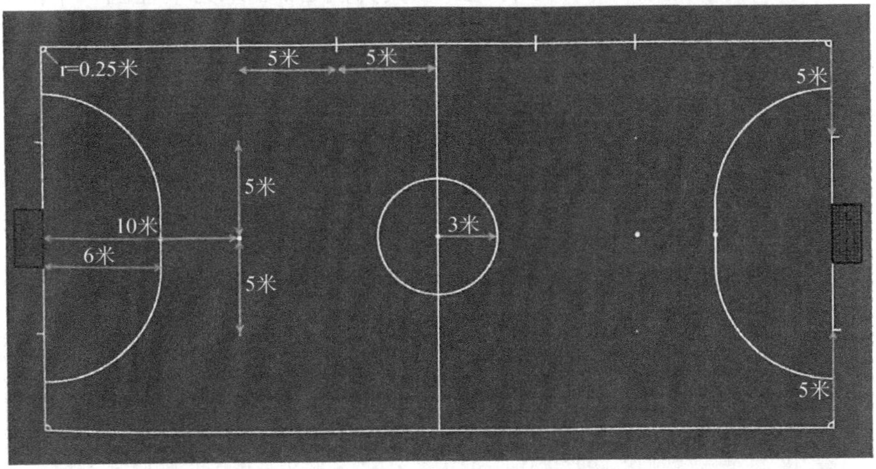

比赛场地必须是长方形，边线的长度必须大于球门线的长度。

非国际比赛的度量

长度：最小 25 米

最大 42 米

宽度：最小 15 米

最大 25 米

国际比赛的度量

长度：最小 38 米

最大 42 米

宽度：最小 18 米

最大 22 米

场地标记

比赛场地必须用线标明，这些线作为场内各个区域的边线属于标志区域的一部分。

两条较长的边界线叫边线，两条较短的线叫球门线。

所有线的宽度为 8 厘米。

比赛场地被中线划分为两个半场。

在中线的中点做一个中心标记，以其为圆心、3 米为半径画一个圆圈。

罚球区

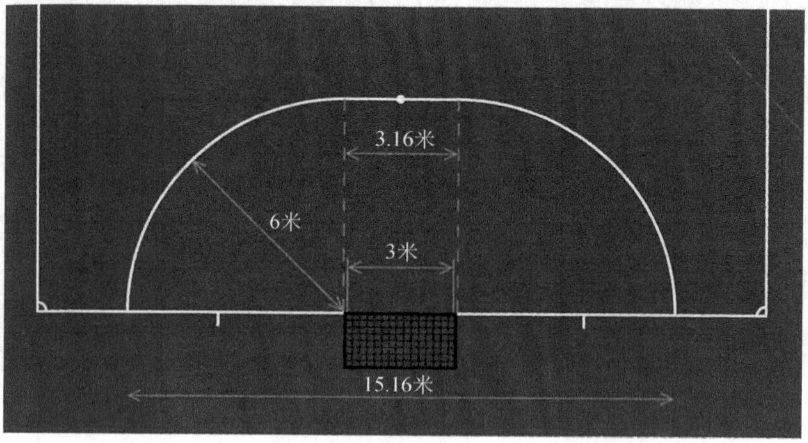

罚球区

罚球区在场地的两端，规定如下：

从两球门柱外沿并垂直于球门线向场内画两条长度为 6 米的假想线。在这条线的末端，以 6 米为半径从球门柱的外沿朝最近的边线方向画一个四分之一的圆。两个四分之一圆的上部与一段长 3.16 米的直线相连接，此直线与球门线平行。

弧线与球门线围成的区域，即为罚球区。

第一罚球点

从两球门柱之间的中点，垂直于球门线向场内 6 米处标记一个罚球点，该罚球点应在罚球区线上。

第二罚球点

从两球门柱之间的中点，垂直于球门线向场内量 10 米做一个标记，为第二罚球点。

角球弧

在比赛场地内，以距离每个角 25 厘米为半径画一个四分之一圆。

替换区

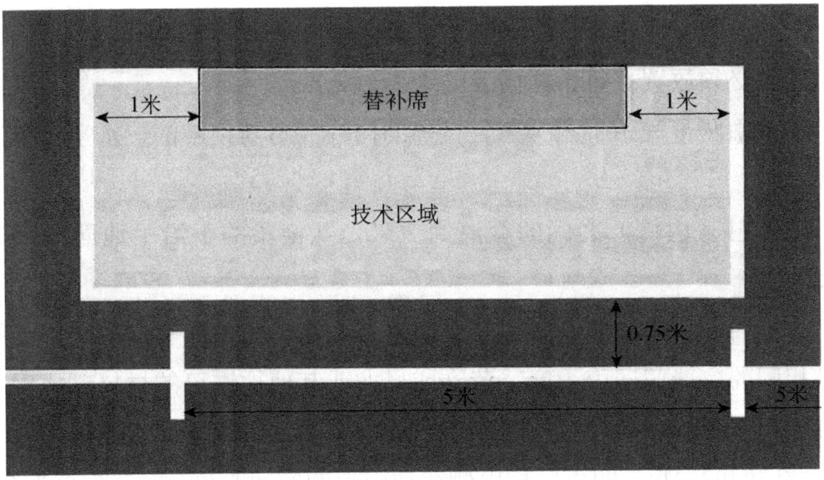

替换区和技术区域

替换区设在双方比赛队替补席前面的边线外，队员由此进行替换。

● 两替换区分别位于技术区域前，长度为 5 米。由两条长 80 厘米、宽

8 厘米的直线标记，此两段直线与边线垂直相交，其中 40 厘米在场内、40 厘米在场外。

● 替换区位于计时台前距中线两侧各 5 米处，且两个替换区要保持畅通，以利计时员观赛。

球门

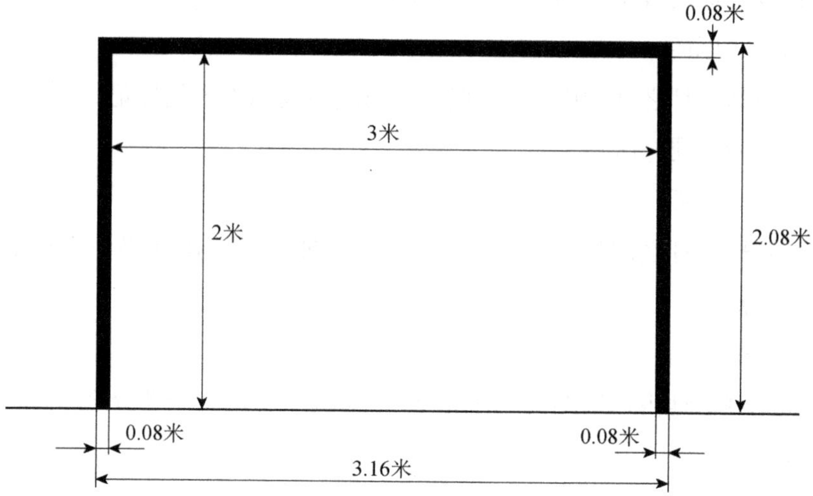

球门

球门必须放置在每条球门线的中央。

球门由两根等距于两个角且直竖的门柱并与其顶部的一水平横梁连接组成。

两门柱（内侧）之间的距离为 3 米，从横梁的下沿至地面的距离为 2 米。

两根门柱和横梁的宽度与厚度均为 8 厘米。球门线与横梁、门柱的宽度是相同的。球门网由大麻、黄麻或尼龙或其他被许可的材料制成，系在球门柱及横梁的后部。球门网必须合理地被撑起来并不得妨碍守门员。

球门网的深度，即由门柱内侧往球门后的空间距离，上端至少为 80 厘米，下端至少为 100 厘米。

安全性

球门可以是移动的，但在比赛时必须安全地固定在地面上。

场地表面

球场表面必须光滑、平坦而不粗糙。可选用木料或合成材料，应避免使用混凝土或柏油表面。

决议

- 决议一

如球门线长度在15～16米之间时，罚球区四分之一圆的半径则为4米。这时，罚球点到两门柱之间的中点仍为6米，但已不在平行于球门线的罚球区线上。

- 决议二

业余联赛中可以使用天然草皮、人工草皮或泥土场，但五超、五甲职业联赛和国际比赛必须使用专业的室内五人制足球地板。

- 决议三

在比赛场地外，距角球弧5米处垂直于球门线做一个标记，以保证在踢角球时防守队员能遵守规定的距离。

此标记为一段8厘米宽的直线。

- 决议四

替补席在计时员前面空地的两侧、边线外面。

第二节　球

质量和测量

球：

- 圆形。
- 用皮革或其他被许可的材料制成。
- 圆周不小于62厘米、不大于64厘米。
- 在比赛开始时重量不小于400克、不大于440克。
- 气压相当于海平面0.6～0.9个大气压力（600～900克/平方厘米）。

破损球的更换

如果球在比赛过程中破裂或损坏，则停止比赛：

- 用新球在原先球破损时所在地点以坠球方式重新开始比赛，除非比赛停止时球在罚球区内，在这种情况下，应由其中一名裁判员在距球破损位置最近的罚球区线上，用新球以坠球方式重新开始比赛。

如果球在踢无人墙的直接任意球、第二罚球点罚球或者罚球点球的过程中破裂或损坏，在这个过程中球没有触及球门柱、横梁或队员，且没有犯规发生的情况下，则应重踢。

如果球在开球、掷球门球、角球、任意球、罚球点球或踢界外球等比赛停止时破裂或损坏：

- 按照相应的规定重新开始比赛。

在比赛中未经裁判员许可不得更换比赛用球。

决议

- 决议一

国际比赛不能使用毡质球。

- 决议二

当球从 2 米的高度下落，其初次反弹的高度应不低于 50 厘米或高于 65 厘米。

在竞赛中，球的最低技术要求必须达到第二节中的规定才能使用。

球上的标志

在国际足联和洲际联合会主办的正式比赛中，允许使用的球应印有下列三种标志之一：

- “国际足联批准”标志。
- “国际足联监制”标志。
- “国际比赛标准”。

在球上印有这些标志表明该球已被正式检测并符合专门的技术要求，每个不同的标志表明符合规则第二节中所阐述的最低技术要求。一些与各个标志相关的额外要求必须得到国际足球理事会的批准。相关的检测机构也要得到国际足联的批准。

国际足联会员协会的比赛也应要求使用具有任何符合上述三种标志之一的球。

在国际足联、洲际联合会和国家协会主办的比赛中，除了比赛及比赛组织者的徽标和授权制造商的商标外，不允许在球上出现任何形式的商业广告。竞赛规程可限制此类标志的尺寸和数量。

第三节　队 员 人 数

队员

一场比赛应有两队参加，每队上场队员不得多于 5 人，其中 1 人必须为守门员。

替换程序

无论在比赛中或比赛停止时，队员可在任何时候进行替换。替换队员时必须遵守以下规定：

除室内五人制足球竞赛规则规定的特例外，队员需经本队替换区域离场。

- 替补队员只能在被替换队员已经离场的情况下方可进入场地。
- 替补队员需经本方替换区域进入场地。
- 当替补队员经本方替换区域进入场地即完成了替补程序，在此之前他需要将背心交给被替换队员；除非被替换队员不得不依据竞赛规则中的任何原因从其他区域离场，在这种情况下，替补队员应将他的背心交给第三裁判员。
- 从那时起，替补队员成为场上队员，被替换队员成为替补队员。
- 被替换队员可再次参加该场比赛。
- 所有替补队员无论上场与否，裁判员均有权对其行使职权。
- 如果半场比赛被延长至允许执行完罚球点球、第二罚球点罚球或者踢无人墙的直接任意球，此时只有防守方的守门员允许被替换。

违规与判罚

如果替补队员在被替换队员还未完全离场之前就进入比赛场地，或在替换过程中替补队员从本队替换区外进入场地：

- 裁判员停止比赛（当掌握有利时不必立即停止比赛）。
- 裁判员黄牌警告违反替补程序的队员，并要求其离场。

如果裁判员已经停止比赛，应由对方从比赛停止时球所在地点踢间接任意球重新开始比赛（参见规则第十三节—任意球的位置）。

如果在替换队员时，被替换队员因非室内五人足球竞赛规则允许的原因离开场地，或没有经过本方球队替换区域：

- 裁判员停止比赛（当掌握有利时不必立即停止比赛）。
- 裁判员应黄牌警告因违反替补程序的队员。

如果裁判员已经停止比赛，应由对方从比赛停止时球所在的地点踢间接任意球重新开始比赛（参见规则第十三章—任意球的位置）。

其他任何违反本章规则的违规行为：

- 相关队员将被警告；
- 应由对方从比赛停止时球所在的地点踢间接任意球重新开始比赛（参见规则第十三章—任意球的位置）。

决议

- 决议一

开始比赛时，每队至少要有 5 名队员。

- 决议二

如在比赛中，某队因有队员被罚下场而场上队员少于 3 人（包括守门员），比赛必须中止。

第四节　队 员 装 备

安全性

队员不得使用、佩戴可能危及自己或其他队员的装备或任何物件（包括各种珠宝饰物)。

基本装备

队员必需的基本装备包括下列相互分离的部分:

● 运动上衣—如穿紧身内衣，其袖子的颜色应与运动上衣袖子的主色相同。

● 运动短裤—如穿紧身内裤，必须与短裤的主色相同。守门员可以穿长裤。

● 护袜—如果需要额外使用胶带或相似材料，则其颜色应与球袜被覆盖部分的颜色相同。

● 护腿板。

● 足球鞋—帆布、软皮面训练鞋或体操鞋，鞋底为橡胶或类似材质。

颜色

● 比赛两队的着装颜色必须有别于对方和裁判员及助理裁判员。

● 每名守门员的服装颜色必须有别于其他队员、裁判员和助理裁判员。

护腿板

● 必须由护抹全部包住。

● 由橡胶、塑料或类似被许可的材质制成。

● 提供适当程度的保护。

违规与判罚

● 对于任何违反本章规则的:

● 比赛不需要停止。

● 裁判员指出场上队员的装备有问题后，该队员应在比赛下一次停止时离开比赛场地去调整装备，除非该队员已经调整好装备。

● 任何被要求离开比赛场地整理装备的队员，在未获得裁判员或者第三裁判员的允许不得再次进场。

● 在允许队员重新进入场地之前，裁判员本人需直接或者通过第三裁判员检查该队员装备。

● 如果该队员没有被替换下场，他只能在比赛停止时或在活球时在第三裁判员的监督下重新进入场地。

队员因违反本规则而被要求离开比赛场地，且并未被替换下场，在未获得裁判员或第三裁判员允许时重新进入场地必须被警告。

第五节 裁 判 员

裁判员的权利

每场比赛由两名裁判员控制，即裁判员和第二裁判员。他们在被任命的比赛中具有全部权力去执行与比赛相关的室内五人制足球竞赛规则。

权限和职责

裁判员：

- 执行室内五人制足球竞赛规则。
- 在有助理裁判员的情况下，与其尽可能合作控制比赛。
- 确保任何比赛用球符合规则第二章的要求。
- 确保队员装备符合规则第四章的要求。
- 对比赛进行记录。
- 根据判断，当任何违反规则的行为发生时停止比赛。
- 因任何外界干扰停止比赛。
- 如果他认为队员受伤严重则停止比赛，并确保将其移出场外。受伤队员只能在比赛重新开始后方可重返比赛场地。
- 如果他认为队员只是受轻伤，则允许比赛继续进行直到停止。
- 确保队员因受伤流血时离开比赛场地。因流血离场的队员只有在当裁判员或第三裁判员确认流血已经停止，并在得到裁判员信号后方可重回场地。
- 当一队被犯规而根据“有利”条款能获利时，则允许比赛继续进行。如果预期的“有利”在那一时刻没有接着发生，则判罚最初的犯规。
- 当队员同时出现一种以上的犯规时，则对较严重的犯规进行判罚。
- 当队员同时出现一种以上的不正当行为时，则对较严重的行为进行纪律制裁。

● 对犯有可警告或罚令出场的队员采取纪律处罚。裁判员不必立即进行处罚，但必须在比赛下一次成停止时进行。

● 在球队官员做出不负责任的举动时进行制止，并可酌情将其驱逐出技术区域及场地周边区域。

● 确保没有未经批准的人员进入比赛场地。

● 比赛停止后示意重新开始比赛的方式。

● 根据“裁判员和助理裁判员信号”章节的规定给予信号。

● 根据比赛需要和《室内五人制足球竞赛规则诠释及裁判员指南》（规则第五章—裁判员）中“比赛中选位”和“比赛暂停时选位”的建议在比赛中移动选位。

● 向相关部门提交比赛报告，包括任何针对队员或球队官员的纪律处分信息以及任何其他在赛前、赛中或赛后发生的意外事件。

裁判员：

● 当助理裁判员不在场时充当第三裁判员和计时员。

● 根据其判断因违反竞赛规则停止或终止比赛。

● 因任何外界干扰停止或终止比赛。

第二裁判员：

● 当裁判员受伤或身体不适时对其进行替换。

裁判员的决定

裁判员根据与比赛相关的事实所作出的决定，包括进球是否得分和比赛的结果，是最终的决定。

只有在比赛未重新开始或未终止前，裁判员可以根据自己的判断，或助理裁判员的意见而改变确实不正确的决定。

当裁判员与第二裁判员就某一违规行为同时发出判罚信号，而发生双方判罚不一致时，以裁判员的判罚决定为准。

如第二裁判员或助理裁判员过分干预或有不恰当的行为表现时，裁判员可解除其职责，并指派他人替代，并将比赛报告提交有关部门。

国际比赛

国际比赛必须委派 1 名第二裁判员。

第六节 助理裁判员

助理裁判员的权力

每场比赛应委派两名助理裁判员（一名第三裁判员和一名计时员），他们必须依照室内五人制足球竞赛规则行使职责。他们的位置在比赛场地外，两替换区同侧靠近中线处。计时员应就座于计时台处，同时第三裁判员则就座或站立行使职责。

应为计时员与第三裁判员配备计时器，及可以显示累计犯规次数的设备，这些设备应由比赛场地所属协会或俱乐部提供。

应为他们提供计时台，以便于他们能够正确地行使其职责。

权限和职责

第三裁判员：

- 协助两名裁判员和计时员。
- 记录参加比赛队员。
- 在裁判员的要求下监督球的更换。
- 在替补队员尚未进入比赛场地前检查其装备。
- 记录进球队员的号码。
- 当某队官员请求暂停时通知计时员（参见规则第七章—比赛时间）。
- 在计时员发出声音信号通知裁判员和球队准许比赛暂停的情况下，给出暂停信号。
- 记录暂停请求情况。
- 记录各半场比赛中裁判员示意的每队累计犯规次数。
- 任一球队在半场比赛中已累计犯规 5 次时给予必须的信号。
- 在计时台上摆设标志，示意某队已经在半场比赛中累计犯规 5 次。
- 记录任何被警告或罚令出场队员的姓名和号码。

● 在各半场比赛开始前向每队官员递交表单，以便于各队据此提出暂停请求。如果球队没有提出暂停请求，那么这些表单在各半场比赛结束后收回。

● 递交给每队官员一份表单示意何时一名替补队员可以进入比赛场地替代另一被罚令出场队员。

● 在裁判员的委派下，监督已经离场整理装备的队员重新进入场地。

● 在裁判员的委派下，监督由于任何受伤已经离场的队员重新进入场地。

● 在裁判员执行警告或罚令出场出现明显错误时，或有暴力行为发生在裁判员视线范围之外时，用信号通知裁判员。但无论怎样，裁判员有权决定任何与比赛有关的事项。

● 监督任何位于技术区域和替补席上人员的行为，并将他们任何不适当的行为通知裁判员。

● 记录比赛中由于外界干扰而产生的中断及其原因。

● 提供任何与比赛相关的其他信息。

● 在被要求时，能根据《室内五人制足球竞赛规则诠释和裁判员指南》中“比赛中选位”“比赛暂停时选位”（第五章—裁判员）的要求在比赛场地上选位。

● 当裁判员、第二裁判员受伤或不能行使职责时取代第二裁判员。

计时员确保比赛时间与规则第七章相符：

● 当比赛正确开球后开启计时器。

● 当比赛停止时停止计时器。

● 当比赛经踢界外球、掷球门球、角球、中圈开球、任意球、从罚球点或第二罚球点踢出或坠球重新开始比赛后，开启计时器计时。

● 在可能情况下在计分板上公开记录的进球、累计犯规和比赛节次。

● 在得到第三裁判员通知后，以不同于裁判员的哨音或其他声音信号示意某队要求暂停。

● 对 1 分钟暂停进行计时。

● 以不同于裁判员的哨音或其他声音信号示意 1 分钟暂停结束。

● 在得到第三裁判员通知后，以不同于裁判员的哨音或其他声音信号示意某队第 5 次累计犯规。

● 负责队员罚令出场 2 分钟的计时。

● 以不同于裁判员的哨音或声音信号，示意上半场、全场及加时赛半场时间结束。

● 在被要求时，能根据《室内五人制足球竞赛规则诠释和裁判员指南》中的“比赛中选位”和“比赛暂停时选位”（第五章—裁判员），在比赛场地上选位。

● 在第三裁判员未能到场情况下行使第三裁判员的特殊职责。

● 提供任何与比赛相关的其他信息。

国际比赛

在国际比赛中，必须委派第三裁判员和计时员。

在国际比赛中，计时器须具备所有必需的功能（精确计时、同时记录 4 个被罚令出场队员 2 分钟罚停期的计时装置和记录每队各自上下半场的累计犯规次数）。

第七节 比 赛 时 间

比赛半场

比赛分为两个半场，每半场 20 分钟。特殊情况经裁判员和双方同意另定除外。任何改变比赛时间的协议必须在比赛开始之前制定，并要符合竞赛规程。

暂停

双方球队在每个半场各有一次 1 分钟暂停的权利。

应遵循下列条款：

● 球队官员有权向第三裁判员，或在无第三裁判员情况下向计时员使用暂停申请表单提出 1 分钟暂停申请；

● 当提出暂停请求的球队控球时且比赛停止，计时员用不同于裁判员所使用的哨声或声音信号准予暂停；

● 暂停期间，队员可以保留在场上或场外。但如果要喝水，则必须离开比赛场地；

● 暂停期间，替补队员必须保持在场外；

● 暂停期间，官员不允许在场内给予指导；

● 替换队员只有在暂停结束声音信号或哨音响起后进行；

● 一队在上半场比赛没有请求暂停的，在下半场也只允许请求一次暂停；

●如果既没有第三裁判员，也没有计时员，球队官员可请求裁判员给予暂停；

● 如果进入加时赛，则加时赛期间没有暂停。

中场休息

中场休息不得超过15分钟。

决议

● 决议一

比赛中如没有计时员，球队教练员可向裁判员要求暂停。

● 决议二

如全场比赛结束后，按竞赛章程需进行加时赛，则在加时赛期间没有暂停。

第八节　比赛开始和重新开始

预备

通过掷币，猜中的队决定上半场比赛的进攻方向。

另一队开球开始比赛。

猜中的队在下半场开球开始比赛。

下半场比赛，两队交换比赛场地和进攻方向。

开球

开球是比赛开始或重新开始的一种方式：

- 在比赛开始时。
- 在进球得分后。
- 在下半场比赛开始时。
- 在加时赛两个半场开始时。

开球直接进球得分无效。

程序

- 所有队员必须在本方半场内。
- 开球队的对方队员，应距球至少 3 米，直到比赛开始。
- 球必须放定在中点上。
- 裁判员发出信号。
- 当球被踢并向前踢动时比赛即为开始。

某队进球得分后，只要该半场还没有结束，由另一队开球。

违规与判罚

如果比赛进行中开球队员在其他队员触球前再次触球（非用手触球）：

- 由对方队在犯规地点踢间接任意球（参见规则第十三章—任意球的位置）。

如果比赛进行中开球队员在其他队员触球前故意手球：

- 由对方队在犯规地点踢直接任意球（参见规则第十三章—任意球的位置），并记录该队累计犯规。

在开球程序上的其他任何犯规：

- 重新开球且不适用有利条款。

坠球

如果在比赛进行中，裁判员因室内五人制竞赛规则未提到的任何原因而需要暂停比赛，则以坠球重新开始比赛。在室内五人制足球竞赛规则范围内也可以用坠球的方式重新开始比赛。

程序

裁判员或第二裁判员在比赛停止时球所在的地点坠球，除非比赛在罚球区内被停止，在这种情况下其中一名裁判员在比赛停止时距球最近的罚球区线上坠球。

当球在比赛场地内触地比赛即重新开始。如果球触及地面，比赛进行后未触及任一队员离开场地，则在最初坠球的地点重新坠球。

违规与判罚

在最初坠球的地点重新坠球：

- 如果球在接触地面前被队员触及。
- 如果球在接触地面后未经任何队员触及出界。
- 如果在球触及地面前有任何犯规发生。

如果在球接触地面后，一名队员通过一次触球将球踢向某一球门，并且：

- 球进入对方球门，由对方掷球门球。
- 球进入本方球门，由对方踢角球。

如果在球接触地面后，一名队员通过多次触球将球踢向某一球门，并且：

- 球进入某一球门，进球有效。

第九节 比赛进行及停止

比赛停止

下列情形比赛停止：

- 当球的整体从空中或地面越过球门线或边线时。
- 当比赛被裁判员停止时。
- 当球击打到天花板时。

比赛进行

其他所有时间，比赛都视为进行中，包括下列情形：

- 球从球门柱或横梁弹回球场内。
- 球从场内的裁判员身上反弹。

室内球场

天花板最低高度为 4 米且由竞赛规程规定。

在室内球场比赛时，如球意外击中天花板，则由最后触球队员的对方队，以踢界外球的方式重新开始比赛。此界外球应在距球触天花板垂直下方最近的边线处踢出（参见规则第十五章—踢界外球的位置）。

第十节 计胜方法

进球得分

当球的整体从球门柱间及横梁下越过球门线，而此前进球的球队未违反室内五人制竞赛规则，即为进球得分。

如果攻方守门员故意用手或上臂从本方罚球区内将球掷或打入对方球门并且他是最后触及或击球的队员，则进球无效。比赛将由对方球队掷球门球重新开始比赛。

如果在进球后，裁判员在比赛重新开始前意识到进球队多出一人或已经进行了不正确换人，则应宣布进球无效并由对方球队从罚球区内的任何地点以间接任意球重新开始比赛。如果已经开球，裁判员依据竞赛规则第三章采取措施处罚攻方队员，但进球有效。裁判员应向相应的主办机构报告相关事实。如果另一队进球，则进球有效。

获胜球队

在比赛中进球数多的队为胜者。如两队进球数相等或均未进球，则比赛为平局。

竞赛规程

当一场比赛或主客场两回合比赛成平局，而竞赛规程需要决出胜者时，仅允许以下列程序决定胜队：

- 客场进球规则；
- 加时赛；
- 罚球点球；

这些步骤在“决定一场比赛或主客场比赛胜负的程序”章节中。

第十一节　犯规与不正当行为

下列行为违反了室内五人制足球竞赛规则，将被罚犯规或不正当行为：

犯规

犯规将被判罚直接任意球、罚球点球或间接任意球。

判为直接任意球的犯规

如果裁判员认为，队员以草率地、鲁莽地或使用过分的力量的方式犯有下列七种犯规中的任何一种，将判给对方踢直接任意球：

- 踢或企图踢对方队员。
- 绊摔对方队员。
- 跳向对方队员。
- 冲撞对方队员。
- 打或企图打对方队员。
- 推对方队员。
- 抢截对方队员。

如果队员犯有下列三种犯规中的任何一种，也判给对方踢直接任意球：

- 阻止对方队员移动。
- 向对方队员吐唾沫。
- 故意手球（守门员在本方罚球区内除外）。

在犯规发生地点踢直接任意球（参见规则第十三章—任意球的位置）。

上述犯规都属于累计犯规之列。

判为罚球点球的犯规

在比赛进行中，无论球在什么位置，如果队员在本方罚球区内违反了上述十种犯规中的任何一种，应被判罚球点球。

判为间接任意球的犯规

如果守门员犯有下列 4 种犯规中的任何一种，判由对方踢间接任意球：

- 在本方半场内，以手或脚控制球超过 4 秒。
- 将球发出后，未经对方队员踢或触及在本方半场内再次触及同队队员故意传给他的球。
- 在本方罚球区内，以手触及同队队员故意踢给他的球。
- 在本方罚球区内，以手触及同队队员直接踢给他的界外球。

如果裁判员认为队员犯有下列犯规中的任何一种，则也判由对方在犯规地点踢间接任意球：

- 在对方队员面前以危险方式比赛。
- 阻挡对方行进路线。
- 阻挡对方守门员将球从手中发出。
- 采用可判为直接任意球的九种犯规之一的行为对本方队员犯规。
- 犯有竞赛规则第十二章或其他章节未提及的任何其他犯规，裁判员为此停止比赛对犯规队员进行警告或罚令出场。

在犯规发生地点踢间接任意球（参见规则第十三章—任意球的位置）。

不正当行为

不正当行为将被警告或罚令出场。

纪律制裁

黄牌用于表示对一名队员或替补队员的警告。

红牌用于表示将一名队员或替补队员罚令出场。

黄牌和红牌只能出示给队员和替补队员。一旦比赛开始，相关的红黄牌应公开出示以及仅限于在比赛场地上。在其他情况下，裁判员口头告知队员和球队官员对其的纪律制裁。

赛前进入赛场直到离开，均有权对队员进行纪律处罚。

队员无论是在比赛场内或场外，无论是直接对对方队员、同队队员、裁判员或任何其他人犯有应被警告或罚令出场的行为，都将根据犯规性质进行处罚。

可警告的犯规

如果队员犯有下列七种犯规中的任何一种，将被黄牌警告：

- 非体育行为。
- 用语言或行动表示异议。
- 持续违反室内五人制竞赛规则。
- 延误比赛重新开始。
- 当以角球、任意球或踢界外球重新开始比赛时，（防守队员）不退出规定的距离。
- 未经裁判员许可进入或重新进入比赛场地，或违反替换程序。
- 未经裁判员许可故意离开比赛场地。

如果替补队员犯有下列四种犯规中的任何一种，将被警告：

- 非体育行为。
- 用语言或行动表示异议。
- 延误比赛重新开始。
- 进入比赛场地时违反替换程序。

罚令出场的犯规

如果队员或替补队员犯有下列七种犯规中的任何一种，将被罚令出场：

- 严重犯规。
- 暴力行为。
- 向对方或其他任何人吐唾沫。
- 用故意手球破坏对方的进球或明显的进球得分机会（不包括守门员在本方罚球区内）。
- 用可判为任意球或球点球的犯规，破坏对方向本方球门移动着的明显进球得分机会。
- 使用攻击性、侮辱性或辱骂性的语言或手势。
- 在同一场比赛中得到第二次警告。

如果替补队员犯有下列犯规，将被罚令出场：

- 破坏对方的进球或明显的进球得分机会。

被罚令出场的队员或替补队员必须离开比赛场地周边和技术区域。

第十二节 任 意 球

任意球类型

任意球分为直接任意球和间接任意球。

直接任意球

信号

裁判员单臂平举，指向发球方向。裁判员另一手指向地面，以向第三裁判员和计时员示意，此为累计犯规。

累计犯规

- 是指第十一节中提到的应判罚直接任意球或罚球点球的犯规。
- 每队在每半场的累计犯规应被记录在比赛报告中。
- 如果某队犯规尚未累计到 5 次，且对方队也未因此失去进球或明显进球得分机会，裁判员可以掌握有利让比赛继续进行。
- 如果裁判员掌握有利，当比赛停止时，必须用规定的信号向计时员及第三裁判员示意累计犯规。
- 如果有加时赛，加时赛中的累计犯规应继续累计在下半场累计犯规次数上。

间接任意球

信号

当裁判员判罚间接任意球时，应单臂上举过头，并保持这种姿势直到球踢出后被其他队员触及或比赛停止。

程序

无论是直接任意球还是间接任意球，踢球时必须将球放定。

每队从第 6 次累计犯规起的直接任意球：

- 任意球必须直接射门而不能传给同队队员。
- 任意球踢出后，只有球被守方守门员触及，或从球门柱、横梁弹回或球出界后，其他队员才可触球。

● 如队员犯有本方的第 6 次累计犯规，而犯规地点在对方半场或本方半场介于通过第二罚球点的假想平行线与中线之间的区域，该任意球在犯规方半场的第二罚球点踢出，第二罚球点的位置在第一章中说明。罚任意球须遵循本章“任意球的位置”的要求。

● 如果队员犯有本方的第 6 次累计犯规，而犯规地点在犯规方半场球门线和通过 10 米的假想平行线之间、罚球区之外的区域，则对方可选择在犯规地点或第二罚球点踢任意球。

● 在每半场比赛或加时赛上下半场结束时，应允许延长时间执行完自第 6 次累计犯规起的直接任意球。

任意球的位置

所有对方队员必须距球至少 5 米直到比赛进行。

违规与判罚

如果当任意球踢出时，对方队员比规定距离更接近于球：

● 任意球应重踢并警告犯规队员，除非裁判员掌握有利或者有其他可判为罚球点球的犯规发生。如果该犯规可被判为任意球，则由裁判员决定是判罚该犯规还是判罚原来的犯规。如果该犯规可判为罚球点球或直接任意球，防守一方应累计 1 次犯规。

如果当防守方从本方罚球区内踢任意球，球未直接踢出罚球区：

● 任意球重踢。

如果某队踢任意球超过 4 秒时：

● 裁判员判给其对方队踢间接任意球，并在原地点执行。

从第 6 次累计犯规开始，如果队员罚球时没有射门得分的意图：

● 裁判员判给其对方队踢间接任意球，并在原地点执行。

从第 6 次累计犯规开始，如果由事先确定的主罚队员的队友来踢任意球：

● 裁判员停止比赛，警告其非体育行为，由防守方在他踢球的地方踢间接任意球重新开始比赛。

第十三节　罚 球 点 球

当比赛进行中，一球队在本方罚球区内犯有任何可被判罚直接任意球的 10 种犯规，应被判罚球点球。

罚球点球直接进球得分有效。

在每半场比赛或加时赛上下半场结束时，应允许延长时间执行完罚球点球。

球和队员的位置

球：

- 必须放在罚球点上。

主罚球点球的队员：

- 必须明确主罚队员。

防守方的守门员：

- 必须位于本方两球门柱之间的球门线上，面向主罚队员，直至球被踢出。

除主罚队员外的其他队员应处于：

比赛场地内。

罚球区外。

罚球点后。

- 距罚球点至少 5 米。

程序

- 在队员按照规则要求处于规定的位置后，其中的一名裁判员发出执行罚球点球的信号。
- 主罚队员必须将球向前踢出。
- 当球被踢并向前移动时比赛即为进行。

在比赛进行中，以及在半场、全场或加时赛半场结束而延长时间执行或重新执行罚球点球时，如果球在越过球门柱之间和横梁下的球门线之前遇到下列情况，应判定得分：

- 当球触及一个或两个门柱或横梁或守门员

裁判员决定罚球点球何时完成。

违规与判罚

如果主罚队员没有将球向前踢出：

- 裁判员停止比赛，由守方在罚球点上踢间接任意球重新开始比赛（参见规则第十三章—任意球的位置）。

如果在踢罚球点球过程中，球被先前确认为主罚队员的队友踢出：

- 裁判员停止比赛，警告其非体育行为，由守方在罚球点上踢间接任意球重新开始比赛。

第十四节　踢界外球

踢界外球是重新开始比赛的一种方法。

当球的整体不论从地面或空中越过边线或击中天花板时，判由最后触球队员的对方队踢界外球。

踢界外球直接进球得分无效。

队员的位置

对方队员必须：

- 在场上。
- 距界外球发球地点所处边线至少 5 米。

程序

只有一种类型的程序：

- 踢界外球。

踢界外球的位置

在踢出界外球的一瞬间，踢球队员：

- 一只脚站在边线或边线外的地上。

● 将球放定，在球出界的地点上，或从这一点向外不超过 25 厘米处踢界外球。

● 在准备好后须在 4 秒钟内将球踢出。

当球进入场地比赛即进行。

违规和判罚

如果当踢界外球时，对方队员距踢球地点小于规定的距离时：

● 由同一队重新踢界外球，并警告违规队员，除非此时适用有利条款或踢界外球的对方球队犯有可被判罚直接任意球或罚球点球的犯规。

如果对方队员不正当地阻挡发球或分散踢界外球队员注意力：

● 他将因非体育行为被警告。

对于其他任何违反踢界外球程序的行为：

● 由对方踢界外球。

第十五节　掷 球 门 球

掷球门球是重新开始比赛的一种方法。

当球的整体不论从地面或空中越过球门线，而最后触球者为攻方队员，且根据规则第十章不是进球得分时，应判为掷球门球。

掷球门球直接进球得分无效。

队员位置

对方队员必须：

● 在比赛场地上，在掷球门球队罚球区外直到比赛进行。

程序

● 由守方守门员在罚球区内任何一点用手抛球。

● 在准备好后，守方守门员应在 4 秒内将球发出。

● 当球被守方守门员直接抛出罚球区，比赛即为进行。

违规与判罚

如果球未被直接抛出罚球区进入比赛：

● 重掷，但一旦守门员准备好再次掷球门球，4 秒计时应继续进行。

如果比赛进行后，守门员在其他队员触球前再次触球（用手除外）：

● 由对方在犯规发生地点踢间接任意球。

如果比赛进行后，守门员在其他队员触球前故意用手触球：

● 如果犯规发生地点在守门员本方罚球区外，由对方在犯规发生地点踢直接任意球。

● 如果犯规发生地点在守门员本方罚球区内，由对方在犯规发生地点踢间接任意球。

如果比赛进行后，在对方队员传或触球前，守门员在本方半场再次触及同队队员故意传给他的球：

● 由对方在犯规发生地点踢间接任意球。

如果没有在 4 秒内掷出球门球：

● 由对方在距离犯规发生地点最近的罚球区线上踢间接任意球。

如果在掷球门球时，进攻队员处于罚球区内：

● 如果攻方其中一名队员触球或者阻碍守门员掷球门球，应重掷球门球。

对于其他任何违反此规则的：

● 判重掷球门球。如果掷球门球队一方违规，在守门员准备好再次掷球门球时，4 秒计时继续进行。

第十六节 角　　球

角球是重新开始比赛的一种方法。

当球的整体不论从地面或空中越过球门线，而最后触球者为守方队员，且根据规则第十章不是进球得分时，应判为角球。

角球直接进入对方球门得分有效。

球和队员的位置

球必须：

- 在距球越过球门线最近的一侧的角球弧内。

对方队员必须：

- 比赛场地内距角球弧至少 5 米直到比赛进行。

程序

- 必须由攻方队员踢球。
- 踢角球一方必须在准备好后 4 秒内将球踢出。
- 当球被踢并移动时即为比赛进行。

违规与判罚

如果在踢角球时，对方队员没有退出规定的距离：

- 由同一队重新踢角球，并警告犯规队员，除非此时适用有利条款或守方队员犯有可被判罚直接任意球或罚球点球的犯规。
- 如果在踢角球时对方不正当地阻挡发球或分散主罚队员的注意力：
- 他将因非体育行为被警告。

如果角球没有在 4 秒内踢出：

- 判由对方掷球门球。

对于其他任何违反程序或其位置行为：

- 判重踢角球。如果踢角球方违规，在主罚队员准备好重新踢角球时，4 秒计时继续进行。

第十七节　决定一场或主客场比赛胜负的程序

程序

- 裁判员选定用于罚球点球的球门。
- 裁判员组织掷币，掷币获胜的球队队长决定本队是否先罚球点球。
- 裁判员、第二裁判员、第三裁判员和计时员负责记录罚球点球执行情况。
- 按照下列解释，两队应各踢 3 次。
- 双方轮流罚球点球。

● 如果两队在踢满 3 次前，一队的进球数已多于另一队踢满 3 次时可能的进球数，则不需再踢。

● 如果两队均已踢满 3 次，双方进球数相同或均未进球，则按相同顺序轮流罚球点球，直至双方踢球次数相同，而一队较另一队多进一球时为止。

● 所有队员和替补队员均有资格罚球点球。

● 在罚球点球过程中，守门员可由任何队员替换。

● 每次应由不同的队员罚球点球，直至双方符合资格的队员均踢过一次后，方可踢第二次。

● 在罚球点球过程中，符合资格的队员可以与守门员互换位置，只要事先通知裁判员且其装备符合规定。

● 在罚球点球过程中，只允许符合资格的队员，包括守门员和裁判员、第三裁判员留在比赛场地内。

● 除罚球点球队员和两个守门员外，其他所有符合资格的队员必须和第三裁判员一起位于在比赛场地另一半场内。

●罚球点球队员一方的守门员须位于替补区域对面，与罚球点平齐并距球至少 5 米的比赛场地上。

● 除非另有所述，室内五人制竞赛规则及国际足联裁判部的裁判员指南在罚球点球决胜的过程中适用。

● 如果在比赛或加时赛结束时并在罚球点球决胜之前，某队的队员（包括替补队员）人数多于另一队，该队必须减去多出的人数与对方人数一致，该队的队长应通知裁判员被排除队员的名字和号码。

● 如果一球队必须减少队员人数以期达到和对方球队人数相同，则守门员可以像符合规定的队员一样被排除在罚球点球之外。

● 如果一守门员被球队排除在踢法球点球之外，以期达到本队和对方球队人数相同，他可以留在技术区域内，随时替换本队守门员。

● 在开始罚球点球决胜之前，裁判员必须确保两队符合罚球点球资格的队员人数相等，且位于在另一半场内。

第十八节 裁判员手势

4 秒钟计时（1）

4 秒钟计时（2）

角球（1）

角球（2）

踢界外球（1）

踢界外球（2）

乌龙球（1）

乌龙球（2）

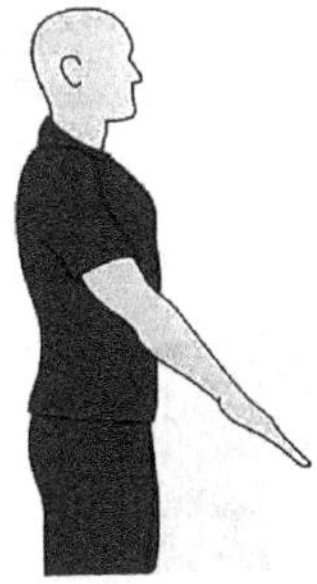

掷球门球（1）

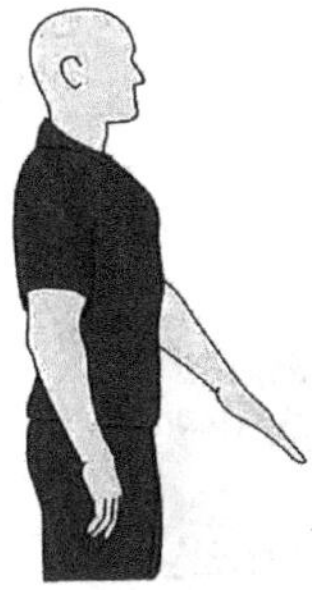

掷球门球（2）

有利条款运用后的累计犯规（1）

有利条款运用后的累计犯规（2）

有利条款运用后的累计犯规（3）

有利条款运用后的累计犯规（4）

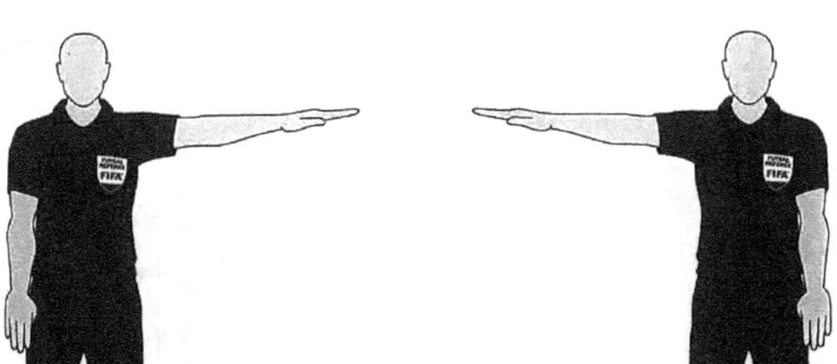

直接任意球/罚球点球

警告（黄牌）

罚令出场（红牌）

累计犯规的有利

非累计犯规的有利

进球

开球/比赛重新开始

间接任意球

第 5 次累计犯规

暂停

队员号码-6

队员号码-12

队员号码-15

参考文献

丁斌，何吉福. 2009. 五人制足球运动教程［M］. 兰州：兰州大学出版社.

国际足球联合会. 2013. 国际足联室内五人制足球教练员手册［M］. 中国足球协会译. 北京：人民体育出版社.

王明享. 2004. 五人制足球技战术指南［M］. 北京：北京体育大学出版社.

夏青，王玮，秦小平. 2016. 五人制足球［M］. 北京：高等教育出版社.

谢苗·安德烈耶芙. 2009. 青少年五人制足球［M］. 孙新生，译. 长春：吉林人民出版社.

曾吉，余志雄. 2013. 引领中国　探寻湖北大学五人制足球发展之路［M］. 武汉：湖北人民出版社.

中国足球协会. 2015. 室内五人制足球竞赛规则［M］. 北京：人民体育出版社.

中国足球协会、成都市足球协会. 2009. 室内五人制足球方略［M］. 成都：西南交通大学出版社.